人力资源管理及创新研究

杨霞 张晓 主编

延吉·延边大学出版社

图书在版编目（CIP）数据

人力资源管理及创新研究 / 杨霞，张晓主编.
延吉：延边大学出版社，2024.7． -- ISBN 978-7- 230
-06913-7

Ⅰ．F243
中国国家版本馆CIP数据核字第2024KK0402号

人力资源管理及创新研究
RENLI ZIYUAN GUANLI JI CHUANGXIN YANJIU

主　　编：	杨　霞　张　晓		
责任编辑：	徐　翠		
封面设计：	文合文化		
出版发行：	延边大学出版社		
社　　址：	吉林省延吉市公园路977号	邮　　编：	133002
网　　址：	http://www.ydcbs.com	E-mail：	ydcbs@ydcbs.com
电　　话：	0433-2732435	传　　真：	0433-2732434
印　　刷：	三河市嵩川印刷有限公司		
开　　本：	710mm×1000mm　1/16		
印　　张：	12.5		
字　　数：	200 千字		
版　　次：	2024 年 7 月 第 1 版		
印　　次：	2024 年 7 月 第 1 次印刷		
书　　号：	ISBN 978-7- 230-06913-7		

定价：70.00元

编 写 成 员

（按姓氏拼音排序，排名不分先后）

主　　编：杨　霞　张　晓

副 主 编：王振臣　温　宇

编写单位：齐河县人力资源和社会保障局

　　　　　莱西市公共就业和人才服务中心

　　　　　济南市莱芜区职工服务中心

　　　　　梧州市食品药品检验所

前　言

当前，我国经济进入新发展阶段，市场竞争越来越激烈。企业要想可持续发展，必须要加强自身的人力资源管理，提高自身的市场核心竞争力。为了适应时代的发展，企业必须不断深化改革，而人力资源管理是企业改革的重点内容。人力资源管理创新是企业提高市场竞争力的有效措施，特别是在新经济时代，企业之间的竞争主要为人才的竞争。创新人力资源管理可以帮助企业打造一流的人才团队，对企业的生存和发展具有重要作用。

人力资源管理在企业发展过程中有着十分重要的作用，"互联网＋"时代的到来，使得人力资源管理的发展前景更加光明，同时也促进了企业的发展。加强人力资源管理，是企业实现可持续发展的重要途径。企业人力资源工作者必须充分认识到自身工作对企业未来发展的重要作用，要不断学习和借鉴先进的人力资源管理理念，并结合企业自身的实际情况加以实践，提高企业的人力资源管理水平，实现企业可持续发展的战略目标，从而促进我国社会主义市场经济的高质量发展。

《人力资源管理及创新研究》一书共八章，字数20万余字。该书由齐河县人力资源和社会保障局杨霞、莱西市公共就业和人才服务中心张晓担任主编。其中第一章、第二章、第七章及第八章由主编杨霞负责撰写，字数10万余字；第三章、第四章、第五章及第六章由主编张晓负责撰写，字数10万余字。副主编由济南市莱芜区职工服务中心王振臣、梧州市食品药品检验所温宇担任并负责全书统筹，为本书出版付出大量努力。

笔者

2024年6月

目 录

第一章 人力资源规划 ··· 1

 第一节 人力资源规划概述 ··· 1
 第二节 人力资源预测 ·· 10
 第三节 人力资源规划的实施 ··· 18

第二章 员工培训 ·· 24

 第一节 培训概述 ·· 24
 第二节 培训的流程 ··· 31
 第三节 培训的形式和方法 ·· 44
 第四节 员工培训体系及其管理要点 ···································· 48
 第五节 绩效工资制度与员工培训 ······································· 51

第三章 员工激励与沟通 ·· 56

 第一节 激励概述 ·· 56
 第二节 沟通的重要性及影响因素 ······································· 72
 第三节 沟通与激励的关系 ·· 77
 第四节 企业管理中有效沟通现状及对策 ····························· 82

第四章 员工关系管理 … 92

第一节 员工关系管理概述 … 92
第二节 员工关系管理的现状及改进策略 … 99

第五章 员工流动管理 … 109

第一节 员工流动的定义和形式 … 109
第二节 员工流动管理的类型 … 111
第三节 员工合理流动的管控措施 … 118

第六章 人力资源管理创新相关理论探究 … 125

第一节 人力资源管理创新的必要性及影响因素 … 125
第二节 人力资源管理理念创新 … 128
第三节 人力资源管理方法创新 … 132
第四节 人力资源管理新理念：柔性人力资源管理 … 139

第七章 创新导向的人力资源管理体系构建——基于 AMO 理论 … 145

第一节 AMO 理论及创新导向的人力资源管理 … 145
第二节 创新导向的人力资源管理体系构建的意义、方法及挑战 … 148
第三节 创新导向的人力资源管理体系构建的内容 … 150
第四节 创新导向的人力资源管理体系构建的保障措施 … 157

第八章 "互联网＋"背景下人力资源管理创新 …… 161

第一节 "互联网＋"背景下人力资源管理概述 …… 161
第二节 "互联网＋教育"背景下人力资源管理创新 …… 167
第三节 大数据背景下人力资源管理创新 …… 174

参考文献 …… 187

第一章 人力资源规划

第一节 人力资源规划概述

一、人力资源规划的概念

人力资源规划是指组织为了实现发展目标不断地审视其人力资源需求的变化，以确保在组织需要时能够获得一定数量的符合一定知识和技能要求的人力资源的系统过程。

广义的人力资源规划是企业各种人力资源计划的总称，包括长、中、短期计划。狭义的人力资源规划是指进行人力资源供需预测并使之平衡的过程，实质上是企业各类人员需求的补充规划。

要准确理解人力资源规划的概念，必须把握以下五个要点：

第一，人力资源规划是在组织的发展战略和目标的基础上进行的。组织的战略目标是人力资源规划的基础，人力资源管理系统是组织管理系统中的一个子系统，要为组织发展提供人力资源支持，因此人力资源规划必须以组织的最高战略为目标。

第二，人力资源规划应充分考虑组织外部和内部环境的变化。一方面，政治、经济、文化等一系列因素的变化使得企业的外部环境总是处于不断变化中，企业的战略目标可能会随之变化和调整，从而引起企业内部人力资源需求的变化；另一方面，企业在发展过程中，不可避免地会出现员工的流出或工作岗位的变化等，这可能会引起企业人力资源状况的内部变化。因此，企业需要对这些变化进行科学分析和预测，使组织的人力资源管理处于主动地位。

第三，人力资源规划的前提是对现有人力资源进行盘点。进行人力资源规划要立足于企业现有的人力资源状况，从员工的数量、年龄结构、知识结构、素质水平、发展潜力和流动规律等几个方面，对现有的人力资源进行盘点，并运用科学的方法，找出目前的人力资源状况与未来需要达到的人力资源状况之间的差距。

第四，人力资源规划的主要工作是制定人力资源政策和措施。例如，为了满足企业发展的需要，要对内部人员进行调动，就必须有晋升和降职、外部招聘和培训等，这样才能保证人力资源规划目标的实现。

第五，人力资源规划的最终目的是使企业和员工都获得长期发展。企业的人力资源规划不仅要关注企业的战略目标，还要切实关心企业中每位员工在个人发展方面的需求，帮助员工在实现企业目标的同时实现个人目标。只有这样，企业才能招聘到合格的人才并留住人才，充分发挥每个员工的积极性和创造性，提高每个员工的工作效率，从而提高企业的竞争力，实现企业的战略目标。

二、人力资源规划的内容

（一）数量规划

人力资源数量规划是根据企业战略，参考未来业务规模、地域分布、商业模式、业务流程和组织结构等因素，确定未来企业各级组织人力资源数量及各职类、职种人员的配比关系，并在此基础上制订企业未来人力资源需求计划和供给计划。

（二）结构规划

人力资源结构规划是企业依据行业特点、企业规模、企业战略、企业重点业务及业务模式，对企业人力资源进行分层分类，同时设计和定义企业的职类、职种的功能、职责及权限等，从而明确各职类、职种人员在企业发展中的地位、作用和相互关系。

（三）素质规划

人力资源素质规划是依据企业战略、业务模式、业务流程和组织对员工行为的要求，设计各职类、职种人员的任职资格要求，包括素质模型、行为能力及行为准则等。人力资源素质规划是企业开展选人、用人、育人和留人活动的基础与前提条件。

三、人力资源规划的类型

人力资源规划是一个连续的规划过程，可分为基础性的人力资源规划和业务性的人力资源规划。

（一）基础性的人力资源规划

基础性的人力资源规划一般应包括以下内容：
①与组织的总体规划有关的人力资源规划目标、任务说明。
②有关人力资源管理的各项政策、策略及其有关说明。
③内部人力资源的供给与需求预测，外部人力资源情况与预测。
④人力资源净需求。可在内部人力资源供给与需求预测、外部人力资源供给预测的基础上得出人力资源净需求，同时还应考虑新进人员的损耗。人力资源净需求通常有两类：第一类是按部门编制的净需求；第二类是按人力资源类别编制的净需求，前者可体现组织未来人力资源规划的大致情况，后者可为后续的业务计划提供参考。

（二）业务性的人力资源规划

1.招聘规划

招聘规划主要包括以下内容：需要的人员类别、数目、时间；特殊人才的供应问题与处理方法；从何处招聘、如何招聘；拟定录用条件，包括工作地点、业务种类、工资、劳动时间、生活福利等；成立招聘小组；为招聘做好广告与财务准备；制定招聘进度表，内容包括招聘开始日期、招聘地点、负责招聘工作的人员、招聘准则、活动预算等。

2.升迁规划

由于招聘对现有人员会有一定程度的负影响，所以对现有人员的升迁规划是人力资源规划中很重要的一项。

升迁规划的主要内容包括：现有员工能否升迁；现有员工经培训后是否符合升迁的条件；过去组织内的升迁渠道与模式是否合理；过去组织内的升迁渠道与模式对员工进取心、组织管理方针政策的影响。

3.人员裁减规划

人员裁减规划的主要内容包括：裁减的对象、时间、地点；裁减对象经过培训是否可避免被裁减；帮助裁减对象寻找新工作的具体步骤与措施；对被裁减人员的补偿；其他有关问题。

4.员工培训规划

员工培训规划的主要内容包括：参加培训的新员工的人数，以及培训的内容、时间、方式、地点；现有员工的再次培训规划；培训费用的估算。

5.生产率提高规划

生产效率提高规划的主要内容包括：生产率提高与人力资源的关系；确定生产率指标，提供具体的努力目标；劳动力成本对生产率提高的影响；提高劳动生产率的措施。

6.人力资源保留规划

在人力资源管理工作中，管理人员需要利用人力资源规划工作的经验及有关资料，采取各种措施，挽留人才，减少不必要的人力资源损耗。因此，人力资源保留规划的内容主要包括：改进薪酬方案；提供发展机会；减少内部摩擦；加强沟通，帮助新进人员应对适应危机；改善工作条件；实行轮岗制；提供再培训机会；改进升迁方案等。

以上规划是相互影响、相互作用的，因此各项规划必须考虑到综合平衡的问题。

四、人力资源规划的作用

人力资源规划不仅在企业的人力资源管理活动中具有先导性和战略性作用，而且在企业总体规划中占有核心地位。具体而言，人力资源规划的作用主要体现在以下五个方面：

（一）有利于组织制定战略目标和发展规划

一个组织在制定战略目标、发展规划及决策方案时，要考虑自身的资源，特别是人力资源的状况。人力资源规划是组织发展战略的重要组成部分，也是实现组织战略目标的重要保证。人力资源规划促使企业了解与分析目前组织内部人力资源余缺的情况，以及未来一定时期内的人员晋升、培训或对外招聘的可能性，有助于企业制定科学合理的战略目标和发展规划。

（二）满足企业在发展过程中对人力资源的需求

企业内部和外部环境总是不断发展变化，这就要求企业在人力资源的数量、质量和结构等方面不断进行调整。企业如果不能事先对人力资源状况进行系统的分析并采取有效措施，就会不可避免地受到人力资源问题的影响。企业虽然可以在短时间内从劳动力市场上获得技能水平较低的一般员工，但是对企业经营起决定性作用的技术人员和管理人员一旦出现短缺，企业往往很难及时找到替代人员。因此，人力资源部门必须注意分析企业人力资源需求和供给之间的差距，制定各种规划，不断满足企业对人力资源多样化的需求。

（三）有利于人力资源管理工作有序进行

人力资源规划作为一种功能性规划，是人力资源管理工作成功实施的重要前提。人力资源规划具有先导性和战略性，是组织人力资源管理活动的基础，它由总体规划和各种业务计划构成，可以为人力资源管理活动（如人员的招聘、晋升、培训等）提供可靠的信息和依据，从而保证人力资源管理活动有序进行。

（四）控制企业的人工成本，提高人力资源的利用效率

人工成本在现代企业成本中占有很大的比例，而人工成本在很大程度上取决于人员的数量和分布情况。一个企业在成立初期，低工资的人员较多，人工成本相对较低。随着企业规模的扩大、员工数量的增多、员工职位的提升、员工工资的上涨，企业的人工成本有所增加。如果没有科学的人力资源规划，难免会出现人工成本上升、人力资源利用效率下降等情况。人力资源规划可以有计划地调整人员数量和分布状况，把人工成本控制在合理的范围内，提高人力资源的利用效率。

（五）调动员工的积极性和创造性

人力资源规划不仅是面向组织的计划，也是面向员工的计划。目前，许多企业面临着员工跳槽的问题，一部分原因是企业无法给员工提供优厚的待遇或者通畅的晋升渠道，还有一部分原因是人力资源规划存在空白或不足。并不是每个企业都是靠提供有诱惑力的薪金和福利来吸引人才的，许多缺乏资金、处于发展初期的中小企业照样可以吸引到优秀人才并帮助其迅速成长，这些中小企业的成功之处在于其立足于企业自身的情况，营造企业与员工共同成长的组织氛围。由此可见，组织应在人力资源规划的基础上，引导员工进行职业生涯

规划，让员工清晰地了解自己未来的发展方向，从而调动其工作的积极性和创造性。

五、人力资源规划的制定原则

（一）充分考虑内外部环境的变化

任何时候，规划都是面向未来的，而未来总是含有很多充满不确定性的因素，包括内部环境和外部环境的变化。内部环境变化包括发展战略的变化、员工的流动等；外部环境变化包括政府人力资源政策的变化、人力资源市场供需矛盾的变化以及竞争对手的变化等。企业如果对形势没有充分的估计，规划就会出问题。

（二）开放性原则

开放性原则指的是企业在制定人力资源规划的过程中，要避免狭隘性倾向，要用开放的眼光看问题。目前，一些企业管理者考虑问题的思路比较狭隘，对各个方面考虑得不够全面。这种情况反映在企业的产业发展战略和市场发展战略上，也反映在产权制度方面。

（三）整体性原则

整体性原则指的是将企业中众多的人力资源整合成具有竞争能力的核心力量。企业要通过人力资源规划将众多的人力资源整合成一个有机的整体，有效地发挥整体能力大于个体能力之和的优势，实现功能的优化。此外，相关工作人员在制定人力资源规划时还需要从企业的整体经营战略规划出发，将人力资源规划置于企业的整体发展规划中。

（四）科学性原则

企业必须遵循人力资源发展的客观规律，以人力资源现状分析为出发点，以人力资源需求和供给为基础，以人力资源发展规律为依据，进行科学、客观的人力资源规划。

六、人力资源规划方案

（一）人力资源规划步骤

1.明确规划的指导思想

企业制定人力资源规划必须依据企业总体发展规划和目标，结合本企业实际发展需要和内外部环境，在此基础上提出明确的总体指导思想，并以此贯穿整个规划的始终。

2.确定规划的总体目标和阶段性目标

企业确定人力资源规划的总体目标后，还要进一步明确各个阶段的具体目标，这主要是为了保证总体目标顺利实现。阶段性目标应具有较强的可操作性。

3.对企业战略进行分解

企业战略性人力资源规划是根据企业总体发展战略、企业人力资源战略对企业人力资源进行的规划。企业在进行具体规划时，要先进行战略分解。

（二）人力资源规划方案的内容

1.人力资源规划的目的与任务陈述

人力资源规划方案首先要确定企业进行人力资源规划的目的是什么，要达到什么样的结果；并对人力资源规划的目标进行分解、落实，制订阶段性实施计划，每一个阶段性计划都应从目标、任务、预算、方法措施、时间等方面进行考虑，以承接人力资源规划，使其实施结果有利于人力资源规划目标的实现。

2.确定人力资源规划的各种影响因素

对企业外部环境（经济环境、人口环境、科技环境、政治与法律环境、社会文化环境等）和企业内部因素（企业一般特征、企业战略规划、企业自身人力资源系统、企业文化等）进行分析、评估；并根据企业实际情况对企业人力资源需求预测与供给预测的影响因素，如业务总量、组织结构、阶段性工作变化、人均工作时间、人均日工作量、人员的稳定状况，以及现有人力资源、部门可利用和流动人员、劳动力市场情况等进行分析，从而形成规划方案。

3.确定实施人力资源规划的方法

企业战略性人力资源规划是基于企业总体发展战略、企业人力资源战略而制定的，要采取有效的方法将企业总体发展战略和企业人力资源战略分解到人力资源规划当中，让企业人力资源规划能真正体现企业发展战略。人力资源规划的实施需要企业领导层的大力支持，企业领导层要成立实施小组，制定相应的实施制度，并对相关人员进行培训。

4.规划人力资源需求量

企业相关工作人员应根据企业环境和所收集的资料，选择人力资源预测模型，对企业人力资源需求量进行预测分析。在规划动态执行过程中，基于人力资源需求预测进行净过剩量、净需求量分析。如为长期过剩，则实施辞退、终止合同、人员调出等规划；如为短期过剩，则实施开展短期培训、缩短工作时间等规划。如为长期需求，则实施对外招聘、内部调入、现有人员培训与晋升等规划；如为短期需求，则实施加班、培训、暂调、工作再设计等规划。当上述规划不能满足企业人力资源需求时，就需要制订招聘计划。

（三）人力资源规划方案的评价

在评价人力资源规划方案时应从以下几个方面入手：
①实际的员工绩效与规划的要求相比。
②生产力水平与建立的目标相比。

③实际人员流动率与期望的人员流动率相比。
④实际执行的行动方案与规划的行动方案相比。
⑤方案执行的结果与期望的产出相比。
⑥方案执行的成本与预算相比。
⑦方案的投入产出比。

第二节 人力资源预测

一、人力资源预测的概念

人力资源预测是人力资源规划的关键部分，具有较强的技术性。人力资源预测主要是对人力资源的供给和需求进行预测。人力资源供求双方及其关系，可以简单地用图1-1说明。

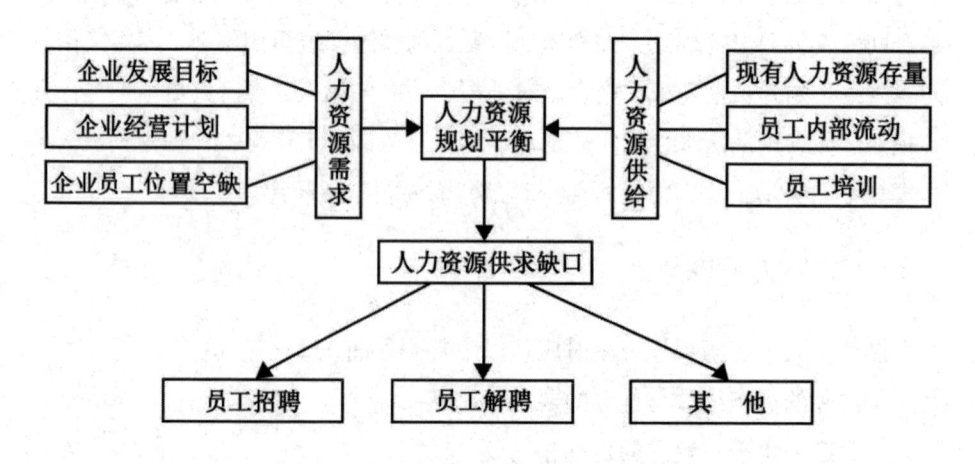

图1-1 人力资源供求双方及其关系图

由图 1-1 可知，人力资源需求由三个方面的因素决定：一是企业发展目标。企业的短期发展目标，决定企业对人力资源的即时需求，企业的长期发展目标，决定企业对人力资源的潜在需求或储备需求；二是企业经营计划，它将决定现实的企业人力资源需求，包括需求的数量、结构和类型；三是现有的企业员工位置空缺，它决定了企业对人力资源的即时需求。

人力资源供给也由三个方面的因素决定：一是现有人力资源存量。如果企业现有的人力资源存量较多，且没有结构上的问题，那么这部分人力资源存量马上可以转化为即时的人力资源供给，满足企业对人力资源的需求。二是企业员工内部流动，包括岗位轮换、余缺调剂、内部调动等。员工内部流动可以将企业潜在的人力资源调动起来，并将其转化为可以满足人力资源需求的供给要素。三是企业员工培训。企业员工培训主要是指调整企业人力资源的供给结构，以满足企业对人力资源的需求。有时，企业的人力资源在总量上并不短缺，但由于技术等原因，一些岗位会出现人力资源短缺的情况，而另一些普通岗位上却有多余的员工。因此，员工培训是将普通的多余劳动力转化为特定的人力资源的一条有效路径。

人力资源供求预测就是综合人力资源供给方和需求方的各种因素，对企业的人力资源供求作出判断、分析和估计，然后考虑企业外部因素的影响和内部其他因素的影响，通过人力资源规划使人力资源的供给和需求保持平衡。

在人力资源规划中，人力资源供给和需求正好相等的情况是比较少见的。在大多数情况下，人力资源供求之间会存在缺口。为了弥补这个缺口，就必须采取其他的人力资源管理方法。当人力资源供不应求且内部无法解决时，企业就要对外招聘员工；当人力资源供过于求而企业又无法消化时，就要裁减员工。当然，还可以通过其他的方法来平衡企业的人力资源供求，如人才借调、吸收兼职员工等。

二、人力资源需求的预测方法

人力资源需求预测方法一般可分为主观判断法和定量分析法两大类：

（一）主观判断法

主观判断法是一种较为简单、常用的方法，这种方法是由有经验的专家或管理人员进行直觉判断预测，其精确度取决于预测者的个人经验和判断力。由于预测者主要是业内的专家，所以主观判断法也被称为"专家咨询法"。在环境因素变动不大且组织规模较小的情况下，利用这一方法往往可以获得满意的结果。尤其是在缺少足够的信息资料时，主观判断法不失为一种简单、快速的方法。

但在现代社会，组织的内外部环境日益复杂，经营管理方式与科学技术日新月异，单凭个人经验难以得出满意的结果。所以，现代企业运用主观判断法时往往邀请众多的专家共同进行预测，以综合多人的智慧、经验，得到满意的结果。这种"专家集体咨询"的方式可以把若干位专家集中在一起，以得出协调的意见，但可能存在"群体压力"等缺点，同时也很难在同一时间把一大批专家集中在一起。因此，在现代人力资源需求预测的实践中，被广泛运用的是德尔菲法。

德尔菲法是一种直观的预测方法，是一种"专家集体咨询"的方法。企业根据不同专家对影响企业发展的内部因素的了解程度来选择具体的咨询专家，他们可以是组织内的成员，也可以来自组织外部。

德尔菲法的具体做法是：首先，企业将要咨询的内容写成若干条十分明确的问题，将这些问题寄给专家，请他们以书面的形式予以回答。专家在互不通气的情况下回答问题。然后，企业将专家的意见集中归纳起来，并将归纳结果反馈给专家，请每个专家对这个归纳的结果重新予以考虑。这使专家有机会修改自己的预测并说明修改的原因，再将修改结果寄回。经过 3~4 次反馈，专家的意见趋于集中。最后进行一些数字化处理，可得出结果。由于这种方法是在每个专家均不知除了自己以外的其他专家的任何情况的前提下进行的，因而避免了"群体压力"等问题，也解决了难以将专家在同一时间集中在同一地方的问题。

德尔菲法的特点主要表现在：专家数量可以多一些，具有较强的代表性；匿名性，即所谓的"背靠背"；反馈性；综合性。德尔菲法常用于短期（一年内）预测问题，由于简单可靠因而被广泛应用，许多组织利用这种方法大获成功。企业在使用德尔菲法对人力资源需求进行预测时要注意以下事项：

第一，问题必须十分清楚，其含义只能有一种解释，否则，专家的回答就可能十分离散。

第二，问题的数量不要太多，一般以回答者可在两小时内答完为宜。

第三，要忠实于专家的回答，调查者在任何情况下不得表露出自己的倾向。

第四，对于不熟悉这一方法的专家，应事先讲清楚意义与方法。专家参与预测活动毕竟要付出相当的精力，调查者应给专家以适当的精神或物质奖励。

尽管德尔菲法具有明显的优点，但是这种方法是需要以其他方法为补充的。运用德尔菲法的难点在于如何提出简单明了的问题，如何将专家的意见归纳总结起来。为了弥补德尔菲法的不足，可以采用名义小组讨论法——由各位专家或有经验的现场管理人员构成一个小组，大家围在一张桌旁，每人根据现有的信息与资料，列出一张问题清单，组织者再将所有专家提出的问题一一列出，请各位专家予以归纳。

（二）定量分析法

定量分析法是利用数学和统计学的方法对人力资源需求进行预测，常用的、较为简便的定量分析法有以下几种：

1. 工作负荷法

工作负荷法是根据历史数据，先算出对某一特定的工作每单位时间（如每天）每人的工作负荷（如产量），再根据未来的生产量目标（或劳务目标）计算出所完成的总工作量，然后根据前一标准折算出所需的人力数量。

例如，某工厂新设一车间，其中有四类工作。现拟预测未来 3 年操作所需的最低人力数量。

第一步：根据现有资料得知这四类工作所需的标准任务时间分别为：0.5 小时/件，2.0 小时/件，1.5 小时/件，1.0 小时/件。

第二步：估计未来 3 年每一类工作的工作量（产量），如表 1-1 所示。

表 1-1　未来 3 年每一类工作的工作量（产量）

单位：件

工作	时间		
	第一年	第二年	第三年
工作 1	12 000	12 000	10 000
工作 2	95 000	100 000	120 000
工作 3	29 000	34 000	38 000
工作 4	8 000	6 000	5 000

第三步：折算为所需工作时数，如表 1-2 所示。

表 1-2　未来 3 年每一类工作所需工作时数

单位：小时

工作	时间		
	第一年	第二年	第三年
工作 1	6 000	6 000	5 000
工作 2	190 000	200 000	240 000
工作 3	43 500	51 000	57 000
工作 4	8 000	6 000	5 000
合计	247 500	263 000	307 000

第四步：根据实际的每人每年可工作时数，折算出所需的人力数量。假设

该工厂每人每年工作时数为 1 800 小时。从上表数据可知,未来 3 年所需的人力数量分别约为:138 人(247 500/1 800)、147 人(263 000/1 800)和 171 人(307 000/1 800)。

2.多元回归预测法

多元回归预测法是一种根据事物变化的因果关系进行预测的方法,它将多个影响因素作为自变量,运用事物之间的各种因果关系,根据多个自变量的变化来推测与之相关的因变量的变化。组织中人力资源需求的变化总是与某个或某几个因素相关,所以人力资源规划者只需找出人力资源需求随各因素变化的趋势,就可以推测出将来的数值。运用多元回归预测法时通常需要用计算机进行数据处理。很显然,多元回归预测法不以时间为预测变量,能考虑组织内外部多个因素对人力资源需求的影响,因此预测的结果要比趋势预测法准确,但是这种方法使用起来非常复杂,较少有企业选用。

三、人力资源供给的预测方法

人力资源的供给预测,也称人员拥有量预测。只有进行人员拥有量预测,并将预测出的人员拥有量与人员需求量进行对比,才能制定各种具体的人力资源规划。人力资源供给包括内部供给与外部供给两个方面。一般来说,首先要进行内部人力资源供给的预测,以确定对外部人力资源的要求。对于内部人力资源供给的预测,不仅要研究现有人员的情况,更要预测在将来某一时刻,经历内部人员升迁、流动及离职后,组织内还存在多少人力资源可供利用。人力资源供给预测方法可分为主观判断法和定量分析法。常用的主观判断法有人员替代法、人员继承法等,常用的定量分析法有马尔柯夫转移矩阵法等。

（一）主观判断法

1.人员替代法

人员替代法是通过一张人员替代图来预测组织内的人力资源供给的方法。人员替代图中要有部门名称、职位名称、在职员工姓名、每位员工的职位、每位员工的绩效和潜力。

人员替代法是将每个工作职位均视为潜在的工作空缺，而该职位下的每个员工均是潜在的供给者。人员替代法以员工的绩效为预测依据，当某位员工的绩效过低时，组织将采取辞退或调离的方法；而当员工的绩效很高时，他将获得升迁机会，替代他上级的工作。这两种情况均会产生职位空缺，空缺的职位则由原工作人员的下属替代。人力资源规划者借助人员替代图可以清楚地看到组织内部人力资源的供给情况，这为人力资源规划提供了依据。

2.人员继承法

人员继承法实际上是人员替代法的进一步发展，两者本质上没有什么差别，不同的是前者较后者预测的时间更长一些，预测的方式更灵活一些。这种方法有点类似于生活中财产的继承，即财产拥有者可指定非直系亲属继承其财产。职位候选人不一定来自本单位或本部门，其工作绩效不一定是最佳的，但他必须具备胜任该工作的能力或潜力。可由组织来指定职位候选人"继承"某个特定的职位，而不必是"直系亲属"。

（二）定量分析法

定量分析法中最常用的方法是马尔柯夫转移矩阵法。马尔柯夫转移矩阵的基本假定是：组织内部的员工流动模式与流动比例（概率）会在未来大致重复。也就是说，在一定的时间段内，从某一状态（类）转移到另一状态（类）的人数比例与之前的比例相同，这个比例被称为转移率，用该时间段的起始时刻状态（类）人数占总人数的百分值来表示。所以，可根据过去某一时间段中人员流动的资料来构成转移矩阵，作为预测的依据。如果给定各个状态（类）的人数、转移率和从外界补充进来的人员数量,那么各个状态(类)人员的未来时刻的人数就可以预测出来。

例如,某公共会计师事务所有四类人员:合伙人(P)、经理(M)、高级会计师(S)、会计员(J)。其初始人数和转移矩阵如表1-3所示。

表1-3　某公共会计师事务所初始人数和转移矩阵

初始人数	P	M	S	J	离职
40(P)	0.8	—	—	—	0.2
80(M)	0.1	0.7	—	—	0.2
120(S)	—	0.05	0.8	0.05	0.1
160(J)	—	—	0.15	0.65	0.2

表1-3表明,在任何一年里,有80%的合伙人仍留在该所,20%外流;有70%的经理仍在原职,10%成为合伙人,20%外流;有5%的高级会计师升为经理,80%仍在原职,5%降为会计员,10%外流;有15%的会计员晋升为高级会计师,65%仍在原职,20%外流。用这些历史数据来代表每类人员转移流动的转移率,可以推算出人员变动情况。即起始时刻每一类人员的数量与每一类人员的转移率相乘,然后纵向相加,就可以得到下一年的各类人员的供给量,如表1-4所示。

表1-4　某公共会计师事务所下一年各类人员供给量

初始人数	P	M	S	J	离职
40(P)	32	0	0	0	8
80(M)	8	56	0	0	16
120(S)	0	6	96	6	12
160(J)	0	0	24	104	32
合计	40	62	120	110	68

从表1-4可以看出,该事务所预计下一年将有相同数量的合伙人(40人)和相同数量的高级会计师(120人)。但是,经理将减少18人,会计员将减少

17

50人。这些反映人员变动情况的数据与正常的人员扩大、缩减或维持计划相结合，可以用来决定怎样使预计的人力供给与需求相配合。要做到这一点，可能要从外部招聘会计员和高级会计师，并把更多的高级会计师提升为经理，或采取其他策略。

第三节　人力资源规划的实施

一、人力资源规划的执行

（一）规划任务的落实

人力资源规划的执行离不开组织各部门和全体员工的积极参与。通过分解与细化规划目标和方案，各部门和员工都可以明确自己在规划执行过程中的地位、任务和责任，从而促进规划的顺利执行。

1.分解人力资源规划的阶段性任务

人力资源规划者不仅要设定中长期目标，还要将人力资源规划目标分解为每一阶段、每一年应该完成的任务，以确保所有的方案都能在既定的时间内执行到位，且有利于规划在执行过程中得到监督、控制。此外，定期报告规划执行的进展情况也有利于规划任务的落实。

2.人力资源规划任务落实到责任人

人力资源规划的各项任务必须由具体的人来执行，因此人力资源规划任务应落实到责任人，每一位员工都要明确自己在人力资源规划中所处的位置以及要承担的责任。现代人力资源管理工作不仅仅是人力资源部门的任务，也是其他各部门经理的责任，人力资源规划也是如此。人力资源规划应由具体的部门或团队负责，可以考虑以下几种方式：

第一，由人力资源部门负责，其他部门与之配合。

第二，由某个具有部分人事职能的部门与人力资源部门协同负责。

第三，由各部门选出代表，组成跨职能团队共同负责。

在人力资源规划执行过程中，各部门必须通力合作，而不是仅靠负责规划的部门推动，人力资源规划的执行同样也是各级管理者的责任。

（二）资源的优化配置

人力资源规划要想顺利执行，必须最大限度地发挥组织人员（培训人员和被培训人员）、财力（培训费用、培训人员脱岗培训时产生的费用）、物力（培训设备、培训场地）等各项资源的作用。人力资源规划者要对不同的资源进行合理配置，并通过规划的执行使资源得到优化配置，提高资源的利用率。

二、人力资源规划实施的控制

为了及时应对人力资源规划实施过程中出现的各种问题，保证人力资源规划的实施效果，有效避免潜在的劳动力短缺或劳动力过剩等问题，需要有序地对人力资源规划的实施进行控制。

（一）确定控制目标

为了对人力资源规划实施过程进行有效控制，首先需要确定控制的目标。控制目标既能反映组织的总体发展战略目标，又能与人力资源规划目标对接，反映组织人力资源规划实施的实际效果。在确定人力资源规划控制目标时，应注意控制目标是一个体系，通常由总目标、分目标和具体目标组成。

（二）制定控制标准

控制标准是一个完整的体系，包含定性控制标准和定量控制标准两种：定性控制标准必须与规划目标相一致，能够进行总体评价，如人力资源的工作条件、生活待遇、培训机会、对组织战略发展的支持程度等；定量控制标准应能够进行计量和比较，如人力资源的发展规模、结构、发展速度等。

（三）建立控制体系

要想有效地对人力资源规划的实施进行控制，必须建立一个完整的、可以及时反馈的、可以准确评价和及时纠正的体系。该体系应能够从规划实施的具体部门和个人那里获得规划实施情况的信息，并迅速传递到规划实施管理控制部门。

（四）衡量、评价实施成果

该阶段的主要任务是对实施成果进行衡量、评价，并与控制标准进行对比，从而发现实施过程中的问题。解决问题的方式主要有两种：一是提出完善现有规划的条件，使规划目标得以实现；二是对规划方案进行修正。当实施成果与控制标准一致时，无须采取纠正措施；当实施成果超过控制标准时，应采取措施防止出现人力资源浪费现象；当实施成果低于控制标准时，需及时采取措施进行纠正。

（五）采取调整措施

在对规划实施成果进行衡量、评价，发现实施成果与控制标准有偏差时，需要采取措施进行纠正。该阶段的主要工作是找出引发问题的原因，如规划实施的条件不够、资源配置不合理等，然后根据实际情况采取相应的调整措施。

三、人力资源信息系统

人力资源规划作为一项分析与预测工作，需要大量的信息支持。因此，企业进行人力资源信息管理工作具有重大意义。

（一）人力资源信息系统的概念

人力资源信息系统是企业对员工的基本信息及工作方面的信息进行收集、保存、整理、分析和报告的工作系统。在人力资源规划的制定过程中，人力资源信息系统扮演着重要的角色，它能够为人力资源管理决策提供服务，并且人力资源规划的实施同样离不开人力资源信息系统。

随着企业的发展，人力资源管理工作会越来越复杂，人力资源信息系统涉及的范围会越来越广，信息量也会越来越大，并会与企业经营管理等其他方面的信息管理工作相联系，形成一个结构复杂的管理系统。

（二）人力资源信息系统的构成

1. 完备的组织内部人力资源数据库

完备的组织内部人力资源数据库包括企业的战略、经营目标、常规经营信息以及现有人力资源的信息。根据这些内容可以确定人力资源规划的框架。

2. 企业外部的人力资源供给信息及其影响因素

例如，外部劳动力市场的行情和发展趋势、各类资格考试的信息变化、政府在劳动用工领域出台的政策和法规等，人力资源信息系统记录的这些信息有利于企业分析其外部的人力资源供给情况。

3. 相关的软硬件设施

相关的软硬件设施包括若干适合进行人力资源管理的软件和计量模型、高效的计算机系统和相关的网络设施等，这些是现代化的人力资源信息系统的物质基础。

（三）人力资源信息系统的功能

1.为人力资源规划建立人力资源档案

利用人力资源信息系统的统计分析功能，企业能够及时、准确地掌握内部员工的相关信息，如员工数量和质量、员工结构、人工成本及员工离职率等，建立人力资源档案，确保员工数据信息的真实性，从而有利于企业更科学地开发与管理人力资源。

2.制定更科学的人力资源管理决策

通过建立人力资源档案，企业可以制定更科学的人力资源管理决策，比如晋升人选的确定、对特殊项目的工作分配、工作调动、员工培训，以及工资奖励计划、职业生涯规划和企业结构分析等。

3.达到企业与员工之间建立无缝协作关系的目的

以信息技术为平台的人力资源信息系统，着眼于实现企业员工关系管理的自动化和协调化，可以使企业各层级、各部门间的信息交流更为直接、及时、有效。

（四）人力资源信息系统的建立

1.对系统进行全面规划

对人力资源信息系统进行全面规划需要做到以下几点：首先，要使企业全体员工对人力资源信息系统的概念有一个充分的了解，保证人力资源管理部门对人力资源管理流程有一个清晰、完整的认识；其次，考虑人事资料的设计和处理方案；最后，做好系统开发的进度安排，建立完备的责任制度，制定规范条例等。

2.系统的设计

人力资源信息系统的设计包括：分析现有的记录、表格和报告，明确对人力资源信息系统中数据的要求；确定最终的数据库内容和编排结构；说明用于产生和更新数据的文件保存与计算过程；规定人事报告的要求和格式；决定人力资源信息系统技术档案的结构、形式和内容；提出对员工工资福利表形式和内容的要求；确定企业其他系统与人力资源信息系统的接口要求。需要强调的是，在设计人力资源信息系统时，必须考虑企业的发展对系统的可扩展性和可修改性的要求。

3.系统的运行

人力资源信息系统的运行主要涉及以下几项工作：考察目前及以后系统的使用环境，找出潜在的问题；检查影响系统设计的计算机硬件和软件等约束条件；确定输入和输出条件要求、运行次数和处理量；提供实际处理量，以及对操作过程的要求和所需设施等资料；设计数据输入文件、事务处理程序；对人力资源信息系统进行输入控制。

4.对系统进行评价

对人力资源信息系统进行评价主要从以下几个方面着手：人力资源管理的成本；各部门对信息资料要求的满意程度；针对与人力资源信息系统有关的组织问题提出建议的情况；机密资料安全保护的状况。

第二章　员工培训

第一节　培训概述

培训是人力资源管理的一项重要职能和手段。相关管理学研究者认为，培训不是可有可无的选择性事件，而是人力资源管理的重要组成部分，是对人力的投资。作为丰富人力资本内涵的有效途径，员工培训已成为现代企业获取竞争优势的有力武器。

一、培训的含义与特点

（一）培训的含义

具体来说，培训就是有计划地帮助员工学习与工作相关的基本知识，使其获得相关能力的过程。通过参加培训，员工可以获得新的知识和技能，提高自己的专业素养和核心竞争力，提高工作效率。如今，越来越多的企业认识到，要想通过培训获取竞争优势，培训就不能仅仅局限于对员工基本技能的开发，还要让员工掌握多样化的技能。

在市场竞争日益激烈的今天，员工仅仅能胜任工作是不够的，企业对员工的培训还要着力于提高员工分析和解决在工作中遇到的问题的能力，以满足现代企业快速发展的要求。另外，培训方式还要从单纯地向员工传授具体的技能转变为营造一种知识共享的氛围，使员工能够自发地分享知识，创造性地应用知识。

（二）培训的特点

1. 实用性

企业培训不是形式上的培训。培训需要成本，企业投入成本是希望通过培训获得收益，让员工成长、进步，从而满足企业生产经营的需求，最终将培训成果转化为企业的实际效益。

2. 广泛性

广泛性是指培训对象和培训内容的广泛性。培训对象的广泛性是指培训对象包括决策层、管理层、基层员工；培训内容的广泛性是指培训内容不仅涉及一般管理知识，即计划、组织、协调、控制等，也包括财务、营销、生产等具体环节的专业知识和技能，甚至新知识、新技能。

3. 系统性

培训是一个系统工程，企业应根据战略发展的需求详细编制培训方案、规划培训工作、实施培训计划。

4. 全员参与性

企业要把所有员工都纳入培训管理中，企业不存在不需要培训的人，决策层和人力资源管理者都需要接受培训。

5. 科学计划性

培训不能盲目进行，在培训实施前，相关人员要进行科学的培训需求分析，在培训需求分析的基础上制订培训计划或实施方案，然后认真执行，否则无法保证培训工作顺利进行。

二、培训的类型和目的

（一）培训的类型

按照不同的标准，培训可以划分为不同的类型：

1. 按照培训内容划分

按照培训内容的不同，可以将培训分为基本技能培训、专业知识培训和工作态度培训。基本技能培训是通过培训使员工掌握从事职务工作必备的技能；专业知识培训是通过培训使员工掌握完成本职工作所需的业务知识；员工态度培训是通过培训改善员工的工作态度，使员工与组织之间建立起互相信任的关系，使员工对组织更忠诚。这三类培训在提高员工个人绩效和组织绩效方面具有非常重要的作用。

2. 按照培训对象划分

按照培训对象的不同，可以将培训分为新员工培训和在职员工培训。新员工培训又称向导性培训或岗前培训，是指对新员工进行的培训，主要是让新员工了解组织的工作环境、工作程序、人际关系等；在职员工培训是对组织中已有的人员进行的培训，主要是为了提高现有员工的工作效率。

3. 按照培训目的划分

按照培训目的的不同，可以将培训分为应急性培训和发展性培训。应急性培训是员工急需什么知识、技能就培训什么内容。例如，企业计划新购进一台高精度的仪器，但目前没有员工能够操作该仪器，就需要进行针对该仪器的应急性培训。发展性培训是从组织的长远发展需要出发进行的培训。

（二）培训的目的

一般认为，培训的目的是让员工掌握培训项目中所强调的知识、技能，换句话说，培训是让员工转变工作态度、提高工作效率，进而提高组织整体效率。

上述目标是组织进行培训的初衷和根本原因，也是衡量培训工作成败的根本标准，如果不能实现这一目标，培训工作就是不成功的。

概括来说，培训的目的主要体现在以下四个方面：

①实现组织经营战略目标的需要。

②实现员工个人目标的需要。

③选拔人才的需要。

④留住人才的需要。

三、培训的意义和原则

（一）培训的意义

随着科学技术的发展和社会的进步，事对人的要求越来越高，人与事的结合常常处在动态的矛盾之中。人与事的不协调是绝对的，解决这一矛盾的方法之一是进行员工培训。所以，组织越来越重视员工培训工作。具体而言，培训的意义主要表现在以下几个方面：

1.培训有助于提高企业的应变能力

在现代社会，科技发展日新月异，市场竞争日益激烈，企业只有增强自身的应变能力，形成自己的竞争优势，才能在市场竞争中谋求生存和发展。企业每项变革的成功实施，每一项新技术的成功研发，都离不开员工的努力创造，这就需要员工掌握更多的知识和技能。因此，企业只有在员工培训方面保持持久的竞争优势，才能不断适应市场的变化、满足社会发展需求。

2.培训有助于提高企业的绩效

企业绩效的实现是以员工个人绩效的实现为前提和基础的，有效的培训工作能帮助员工掌握知识、技能，改变员工的工作态度，加深他们对企业的发展战略、经营目标、规章制度、工作标准等的理解，激发员工的工作积极性，从而提高他们的工作绩效，进而提高企业的绩效。这可以说是培训最重要的意义。

3.培训有助于提升员工的忠诚度

许多员工认为，培训是组织提供的最好的福利，是组织关心员工个人成长和发展的表现。每个员工都有追求自身发展的需求，当员工无法有效地完成自己的工作时，就会形成工作压力，并在各方面表现出来。如果组织不能给员工提供有效的培训，满足员工获得培训的需求，就会导致员工工作热情下降，甚至会导致优秀员工的流失。成功的培训能使员工丰富自身的知识和技能，有效地减轻工作压力并增加工作的乐趣。同时，培训还可以降低员工的流动率和流失率，既有助于培养员工的敬业精神，提升员工对企业的忠诚度，又有助于降低劳动力成本和管理成本。

就企业而言，培训工作做得越好，对员工越有吸引力，越能发挥人力资源的高增值性，从而为企业创造更多的效益。有资料显示，百事可乐公司对深圳员工进行了一次调查（从270名员工中抽取100名），这些人几乎都参加过培训，其中80%的员工对自己从事的工作表示满意，87%的员工愿意继续留在公司工作。可见，培训不仅丰富了员工的技能，而且加深了员工对自身价值的认识，使其对工作目标有了更深的认识。

4.培训有助于激发员工的积极性

员工培训是一项重要的人力资本投资，同时也是一种有效的激励方式。如果员工通过培训感受到自己的价值得到了组织的认可，并在工作中受到重用，就会大大增强其工作责任感、成就感和自信心。受训后的员工会感激组织为他们提供个人成长、发展和在工作中取得更大成就的机会，会对工作充满热情，对自己充满信心，也就会更加主动地运用所学知识，为企业做出更大贡献。

5.培训有助于培养组织文化

组织文化是企业的灵魂，它是一种以价值观为核心对全体职工进行组织意识教育的微观文化体系。良好的组织文化对员工有着强大的吸引、导向和激励作用。组织文化是组织成员共同遵守的价值观念和行为准则，需要得到全体人员的认可，而培训就是一种有效的宣传组织文化的手段。将组织文化和组织形象的建设转化为具体的学习活动，通过这些活动，培养训练有素、德才兼备的员工，能提升客户的满意度，并让客户透过员工良好的行为表现感受优秀的组织文化。

6.培训有利于打造学习型组织

学习型组织是致力于知识的获取和创造，并把知识作为发展的动力和基础的组织。学习型组织在很多方面都显示出无比的优越性，如解决系统化的问题、开展富有创新性的工作、借鉴自己和他人过去的经验、快速而有效地将知识转变为生产力等。组织经常开展培训活动能培养更多的学习者，营造良好的学习环境，进而打造学习型组织。

总之，正是因为员工培训对组织而言有如此重要的意义，越来越多的企业从战略发展的角度，把培训作为企业最重要的投资方向之一。同时，员工也把是否能够得到足够的培训和发展机会作为衡量组织优劣程度的重要指标之一。

（二）培训的原则

为了取得良好的培训效果，企业在培训中应遵循以下原则：

1.战略原则

培训的重点要与企业的整体发展战略保持一致，培训的最终目的是实现企业的发展目标。因此，企业要用战略的眼光去组织培训，不能只局限于某一个培训项目或某一项培训需求，而是要立足于长远的发展目标，从未来发展的角度出发进行培训，这样才能保证培训工作的主动性。

2.目标原则

为了保证培训的效果，在培训的过程中要贯彻目标原则。在培训前，要设置清晰的培训目标，使受训人员能够明确自己的努力方向。培训目标的设置要考虑培训课程和员工个人的实际情况，目标要清晰、准确。

3.激励原则

为了更好地调动员工的积极性和学习热情，使他们能够主动、自觉地参与到培训中，提高培训的效果，培训过程中要坚持激励原则。例如，培训前，领导要充分重视培训工作，积极向员工宣传培训对于个人和组织的重要性；培训过程中，要及时反馈培训的效果，密切关注受训人员的状态；培训结束后，要进行考核，考核结果应与受训人员的直接利益挂钩，对考核优秀者要给予一定的奖励，对考核成绩较差者要进行相应的惩罚。

4.实效原则

企业组织员工培训的目的是通过培训让员工掌握必要的知识和技能，以完成规定的工作，提高员工个人的绩效，进而提高整个组织的绩效。因此，在培训实施过程中，应注重培训内容，不能片面追求培训形式的多样化，要把培训内容和具体的实践结合起来。

5.效益原则

员工培训是企业的一种投资行为，培训和其他投资一样，也具有经济效益。因此，管理者要从投入和产出的角度来考虑培训的效益，如开展培训工作所产生的近期效益、远期效益等。

6.差异性原则

培训的差异性原则包括两个方面的内容：培训内容的差异性和培训对象的差异性。

（1）培训内容的差异性

由于培训的目的是提高员工各方面的能力，因此培训的内容要和员工的工作相关。在组织中每个人的分工是不同的，因此培训内容也应有所差异。在培训中，要结合员工职位的不同和实际工作能力的差异确定培训内容。

（2）培训对象的差异性

培训对象应有差异性。例如，全员教育培训，就是有计划、有步骤地对所有在职员工进行教育和训练，其培训对象应包括企业所有员工；重点教育培训的培训对象是对企业的发展起着关键作用的领导人才、管理人才和工作骨干，重点教育培训的目的是优先培训企业急需的人才。

第二节　培训的流程

要使培训工作行之有效，必须建立一套比较完整的培训流程。一般来说，完整的培训流程应包括培训需求分析、培训计划制订、培训活动实施、培训效果评估四个阶段，每个阶段都有各自不同的内容和任务。

一、培训需求分析

培训需求分析作为现代企业员工培训的首要环节，是指通过对组织及其成员的目标、技能、知识、态度等的分析，来确定个体现有状况与应有状况的差距，以及组织与个体的未来状况。

（一）培训需求分析的层次

培训需求分析有三个层次：个体层次、组织层次、战略层次，它们共同构成了培训需求分析的内容。

1.培训需求分析的个体层次

培训需求分析的个体层次是以员工个体为分析的对象，主要分析员工个体现有状况与应有状况之间的差距，在此基础上确定谁需要接受培训及培训的内容。对员工个体进行的分析包括两个方面：

一是个体绩效分析。个体绩效分析往往通过绩效评估的方式进行。通过对员工绩效的分析，可以评估员工绩效水平的高低，从而找出员工绩效水平较低的原因，如知识技能的缺乏、组织体制问题等，以决定是否需要通过培训来解决问题。

二是个体的知识、技能和能力分析。首先，要确定一个分析标准，即员工从事某一工作所必需的知识、技能和能力；其次，管理者用这些标准同员工现有的知识、技能和能力进行比较，找出它们之间的差距；最后，以此为依据来决定培训的对象和内容。从个体层次进行培训需求分析，主要有以下三种方式：

（1）培训部门对个体的分析

在培训需求分析中，培训部门应同组织领导人员、人事部门员工等加强联系，相互指导、帮助。培训部门可以同个体员工进行讨论，以确定培训内容、人员；通过同面临各种问题的领导者一起工作，来决定培训需要解决的问题。组织健全的培训部门都有针对每一个员工的培训详细目录，该目录记录了每一个员工曾参加过的培训，并指出了其未来培训的方向。这对了解员工的培训需要是非常重要的。

（2）人事部门对个体的分析

人事部门在组织中的特殊地位及其与员工的关系，决定了它也是培训需求分析的关键一环。人事部门通常采用绩效评估的方式来了解员工的实际表现。

（3）员工对自身的分析

员工个体对自身的分析主要通过两种方式进行：一是制定个人职业发展规划，明确职业发展目标，以及实现发展目标所需要的知识、技能、能力等，并将其作为确定培训需求的依据。二是工作总结，即通过自我总结、反省，发现自己的差距与不足，从而确定需要参与的培训项目，以弥补自身的不足。员工通过自我分析确定的培训需求与组织的培训需求可能有冲突，同时员工的自我需求分析有时也有一定的局限性。例如，组织往往从组织发展需要的角度来确定人员的个体培训需求，因而个人的培训意愿可能与组织的培训需求不一致；员工有时会出现"当局者迷"的情况，不能充分了解自己的培训需求，往往需要其他人员的指导和帮助。

但是，培训需求分析中如果没有员工的参与，对于培训计划的确定以及培训目标的最终实现也是不利的。一般情况下，只有员工最了解自己的培训需求，最了解自己的不足之处。如果没有员工的自我分析，可能会造成培训内容与培训需求脱节。同时，如果一个员工对组织开展的培训活动缺乏积极性，那么他就会想方设法逃避培训；如果一个员工没有完全理解培训的益处，那么他就很难从培训中获益；如果员工对参加的培训不满意，那么他就会缺乏参与培训的热情，并且会因不能积极投入培训过程而影响最终的培训效果。因此，如果没有员工的自我需求分析，不但培训很难顺利进行，而且培训效果也很难保证。

2.培训需求分析的组织层次

培训需求的组织分析有广义和狭义之分。从广义上讲，培训需求的组织分析主要是指通过对影响培训规划设计和组织绩效的组织目标、资源、环境等因素进行系统分析，准确找出组织存在的问题，并确定培训是否为解决此类问题的最有效的方法。从狭义上讲，培训需求的组织分析主要是指通过对完成组织任务所需要的知识、技能状况与现有状况的差距进行分析，确定组织的培训需要及内容。本书采用的是广义的概念。

（1）组织目标分析

组织目标作为一定时期内组织及其成员的行为动力和前进方向，既对组织的发展具有重要作用，也对培训规划的设计与执行起决定性作用。一般来说，组织目标决定培训目标，培训目标为组织目标服务。有什么样的组织目标就有什么样的培训目标，组织目标与培训目标具有内在的一致性。当组织目标不清晰、不明确时，培训目标便难以确定，培训规划也难以设计与执行。因而在培训需求分析中，详细说明组织目标就显得尤为重要。既然明确、清晰的组织目标有助于培训目标的确定、有助于培训规划的制定与实施，那么当组织目标不清晰且组织绩效低下时，应如何处理呢？在这种情况下，对于组织来说，应通过组织变革等方式先确定组织目标，然后再确定培训目标。

（2）组织环境分析

组织环境是指在组织内存在的能够影响培训效果的诸因素，包括人际关系状况、员工态度、制度构成、领导水平等。一般情况下，培训与组织环境的关系是辩证统一的，一方面，组织环境影响培训效果，组织环境的变化必然导致培训效果的变化；另一方面，培训效果对组织环境具有反作用。

（3）组织资源分析

组织资源分析主要包括组织人员和设备类型的安排以及财政资源的描述等，其中最重要的是人力资源分析。人力资源分析主要是对组织内现有人力资源状况的分析，它往往涉及组织员工的数量、质量、结构等方面的问题。一般来说，员工调离原单位到其他不同的组织工作，退休，在组织内部获得晋升，因生产结构、工艺流程的改变导致的人员下岗，以及组织内产生新任务等，都会造成人力资源不足。这就促使组织想方设法弥补人力资源的不足，比如到组织外招聘一批人员，或者迅速设计培训规划，加强对现有员工的培训，为新工作任务做准备等。这些工作都必须建立在人力资源分析的基础上。

3.培训需求分析的战略层次

战略层次的分析是指组织对未来的发展方向和发展战略的分析。一般的培训需求分析往往集中在个体与组织层面，并将分析结果作为设计培训规划的依据。一般来说，培训需求分析集中于个体与组织的需求分析，相关人员对组织过去和现在的需求比较敏感。但如果组织发生了重大变化怎么办？这就要求相关人员在对组织过去和现在的需求进行分析的同时，还应对组织及其成员未来的需求进行分析，即战略分析。

在战略分析中，必须考虑以下三个方面的内容：组织优先权的改变、人事预测、组织态度。它们是战略分析的主要内容。

（1）组织优先权的改变

一般来说，组织优先权是指组织当前的工作重心，或组织当前必须优先考虑的问题。随着外部环境的变化，组织优先权也在不断发生变化。因此，培训部门不能仅仅考虑组织现在的需要，要有一定的前瞻性；必须分析组织的未来需要，并尽量为组织未来可能发生的变化做准备，这就需要提前制订培训计划。导致组织优先权改变的因素包括新技术的引进，资金上的约束，组织的撤销、分割或合并重组，领导人的意向，各种临时性、突发性的事件等。

（2）人事预测

人事预测是对组织未来人力资源状况的一种预先分析，主要包括需求预测和供给预测两部分内容。需求预测主要考虑一个组织所需的人员数量及这些人员必须掌握的技能。供给预测不但要考虑可能参加工作的人员数量，还要全面了解这些人员所具备的技能状况。例如，通过需求预测，技术部门可能预测到组织需要增加一部分工程技术人员。而通过供给预测，技术部门可以了解到在全国范围内，尤其是一些关键地区和关键部门的工程技术人员的数量等。技术部门可以利用这些信息制订一个包括培训、工资待遇、职务晋升、新员工录用等内容的计划，以保证所需人员的招聘、培训和再培训符合要求。

（3）组织态度

在战略层次的培训需求分析中，调查全体人员对工作内容、工资、晋升渠道等的态度和满意程度是非常重要的。原因主要有以下几个方面：首先，对态度和满意程度的调查能帮助培训部门了解组织内最需要培训的人员；其次，对态度与满意程度的调查不仅可以找出培训的方法，而且能确认那些阻碍培训和不利于培训的因素。

必须明确的是，培训需求分析的三大层次并不是独立的，而是相互关联、互有交叉的。具体表现为：个体分析是组织分析和战略分析的基础，无论是组织分析还是战略分析，最终均体现为员工个体培训需求的确定；战略分析是个体分析和组织分析的延伸，个体分析和组织分析集中于组织及其成员的现有培训需求，战略分析集中于组织及其成员的未来培训需求，都是对组织及其成员培训需求的分析。因此，在进行培训需求分析时，应将三个层次相结合，同时进行，以确保培训需求分析的有效性。

（二）培训需求分析的方法

培训需求分析的方法有许多种，下面主要介绍四种实践中常用到的培训需求分析方法：

1.*访谈法*

访谈法是一种人们都比较熟悉的方法，指的是通过与被访者进行面对面的交谈来获取培训需求信息。在应用过程中，培训部门人员可以与企业管理者面谈，以了解组织对人员的期望；也可以与有关部门的负责人面谈，以便从专业和工作的角度分析培训需求。一般来说，在访谈之前，要先确定需要获取的信息，然后准备访谈提纲。访谈中提出的问题可以是封闭式的，也可以是开放式的。封闭式的访谈结果比较容易分析，但开放式的访谈常常会有意外的收获。访谈可以是结构式的，即以标准的模式向所有被访者提出同样的问题；也可以是非结构式的，即针对不同被访者提出不同的开放式问题。一般情况下，访谈人员通常把两种方式结合起来使用，以结构式访谈为主，非结构式访谈为辅。采用访谈法了解培训需求，应注意以下几点：

第一，确定访谈目标，明确"什么信息是最有价值的、是必须要了解的"。

第二，准备完备的访谈提纲。这对于启发、引导被访者讨论相关问题，防止访谈话题转移是十分重要的。

第三，营造融洽的、相互信任的访谈气氛。在访谈中，访谈人员要先取得被访者的信任，以避免被访者产生敌意或抵制情绪，从而确保收集到的信息是准确的。另外，访谈法还可以与问卷调查法结合起来使用，通过访谈来补充或核实在问卷调查中收集到的信息，探索比较深层次的问题和原因。

2.问卷调查法

问卷调查法是一种为人们所熟知的方法，它以标准化的问卷形式列出一组问题，要求调查对象就问题进行打分或作是非选择。当分析对象数量较多，并且时间较为紧迫时，就可以精心准备一份问卷，以电子邮件、传真或直接发放的方式让调查对象填写，也可以在进行面谈和电话访谈时由调查人自己填写。在进行问卷调查时，问卷的编写尤为重要，编写一份好的问卷通常需要按照以下步骤进行：

①列出希望了解的事项清单。

②一份问卷可以由封闭式问题和开放式问题组成，两者应视情况各占一定比例。

③对问卷进行编辑并最终形成文件。

④请他人检查问卷并加以评价。

⑤在小范围内对问卷进行模拟测试，并对结果进行评估。

⑥对问卷进行必要的修改。

⑦进行调查。

3.绩效分析法

培训的最终目的是提高工作绩效，减少或消除实际绩效与期望绩效之间的差距。因此，对个人或团队的绩效进行考核可以作为培训需求分析的一种方法。运用绩效分析法时需要注意以下四个方面的问题：

①将明确规定并得到员工一致同意的标准作为考核的基线。

②集中注意那些员工希望达到的关键业绩指标。

③确定未达到理想业绩水平的原因。

④确定通过培训能达到的业绩水平。

4.胜任能力分析法

胜任能力是指员工胜任某一工作所应具备的知识、技能、态度等。现在，许多企业都在根据经营战略建立各岗位的胜任能力模型，为员工招聘、培训、绩效考核和薪酬管理提供依据。

基于胜任能力的培训需求分析主要有两个步骤：

①职位描述：描述该职位的任职者必须具备的知识、技能、态度。

②能力现状评估：根据胜任能力要求来评估任职者目前的能力水平。

使用这一方法分析培训需求的企业普遍认为，在确定任职者应具备的能力和个人的实际能力后，确定培训需求就变得容易了。

要注意的是，运用这些方法分析培训需求时，需要慎重考虑每一种方法的具体使用效果。其中的一些方法可能本身就无法得到全面、客观的分析结果，而另一些方法则需要"用到位"才可能得到全面、客观的分析结果。

二、培训计划制订

在明确了培训需求以后，就可以确定培训的计划了。培训计划的制订可以使培训目标变为现实。所谓培训计划，是根据组织的近期、中期、远期的发展目标，对企业员工培训需求进行预测后，将培训的目标、内容等确定下来的一种活动方案。培训计划主要包括培训目标、培训内容、培训对象、培训形式、培训预算等。

（一）培训目标

要制订明确的培训计划，首先要有明确的培训目标。培训目标是企业在一定时间内希望达到的培训效果，是培训者检查培训活动是否达到培训要求的尺度。它描述的是培训的结果，而不是过程。一般来说，培训的目标可以分为以下三类：

1. 技能的培养

在较低层次的员工中，技能的培养主要是针对具体操作的培训；在管理层人员中，技能的培养以培养员工的管理思维为主，包含少量的技巧训练。通过技能的培养，员工可以获得完成职位工作所必备的能力，如沟通能力、谈判能力、分析能力等。

2. 知识的传授

知识的传授通常包括对概念和理论的理解，知识的灌输与接受等。通过培训，员工可以掌握完成职位工作所必需的基本业务知识，了解组织的基本情况。

3. 态度的转变

通过培训，员工具备完成职位工作所需要的工作态度，如积极性、参与性和服务意识等。

在设置这些具体目标时，培训人员要注意以下问题：首先是组织期望员工做哪些事情，也就是培训的内容；其次是组织希望员工以什么样的标准来做这些事；最后是要通过什么方法来达到目标。

（二）培训内容

培训的内容包括提高员工的专业技术水平的知识技能教育，让员工改变工作态度的企业文化教育等，培训人员应根据培训对象的不同确定培训内容。在确定培训内容之前，应先进行培训需求的分析调查，了解企业及员工的培训需求，研究员工所担任的职务，明确每项职务应达到的任职标准，然后考察员工个人的工作业绩、能力、态度等，并将考察结果与岗位任职标准进行比较。如果员工的能力尚未达到该职位规定的任职标准，那么员工现有的知识或技能与职位所需知识或技能之间的差距便是培训的内容。企业可以通过内部培训，让员工迅速掌握其任职职位所需的知识或技能。

（三）培训对象

可根据阶层级别（垂直的）和职能级别（水平的）对培训对象进行划分。根据阶层级别，培训对象大致可分为普通操作员级员工，主管级员工，中、高层管理级员工；根据职能级别，培训对象可分为生产系统员工、营销系统员工、质量管理系统员工、财务系统员工、行政人事系统员工等。在组织、策划培训项目时，应先确定培训对象的级别，然后再确定培训内容、培训时间、培训场地和授课讲师。具体的培训对象可由各部门推荐，或由员工自行报名再经甄选程序确定。

（四）培训形式

培训形式有入职培训、在职培训、脱产培训等，培训形式对培训的实施和培训的效果具有非常重要的影响。

（五）培训预算

培训是需要以经费为支撑的，因此在培训计划中还应编制培训预算。这里的培训预算一般只计算直接发生的费用，包括培训的教材费、培训的授课费、培训场地租用费和培训设备费等。做好培训预算，可以保证培训获得充足的资金支持，进而保证培训顺利实施。

三、培训活动实施

培训计划明确了培训的目标，确定了培训的内容、对象、形式、预算等，为培训的实施提供了依据。组织在制订培训计划后，就可以实施培训活动了，培训活动的实施包括确定培训机构、培训讲师、培训教材、培训设备、培训地点和培训时间等内容。

（一）培训机构

培训的实施机构主要有内部机构和外部机构两种。组织内部培训是指使用组织内部的资源，包括场地、培训讲师等进行的培训；组织外部培训是指利用外部培训机构对员工进行培训，如组织付费的学历教育。在外部培训的实施过程中，组织的相关管理者也要参与到培训计划的制订与实施过程中。无论是内部培训还是外部培训，都有各自的优缺点，要根据组织的具体情况选择合适的培训机构。

（二）培训讲师

组织在选择培训讲师时要十分慎重，因为培训讲师水平的高低直接影响培训的效果。培训讲师既要有广博的知识，又要有丰富的实践经验；既要有较高的技能水平，又要有良好的道德品质。具体来说，培训讲师应具备三个方面的特点：广博的知识、强烈的责任心和良好的沟通能力。

（三）培训教材

培训教材一般由培训讲师确定。培训教材的选用要与培训目标一致，所选教材的内容、深度、结构能够与受训者的实际情况相匹配。

（四）培训设备

在培训计划中要清楚地列出培训所需的设备，如投影仪、电子白板、文具等，要从视觉效果、教室面积、座位安排以及辅助的教学设备等方面做好培训环境的布置工作，特别是需要特殊设备的培训活动，一定要做好充分的准备，并提前测试设备，保证设备正常使用。

（五）培训地点

培训地点就是指培训在哪里进行，合适的培训地点有利于培训的顺利进行，能增强培训的效果。选择培训地点时，需要考虑的因素有培训内容、培训方式、培训费用及交通是否便利等。培训场地的选择一般可分为利用内部培训场地和利用外部专业培训机构的场地两种。利用内部培训场地的优点是组织方便、费用少，缺点是培训形式较为单一，且受外部环境影响较大；利用外部专业培训机构场地的优点是可利用特定的设施，员工可离开工作岗位专心接受训练，且能使用到的培训技巧更加多样化，缺点是组织较为困难、费用较高。

（六）培训时间

一般而言，培训的时间和期限可以根据培训的目的、培训的场地、培训讲师的时间安排、受训者的能力及上班时间等因素确定。一般对新入职人员的培训（无论是操作人员还是管理人员）可在其实际开展工作前实施，培训时间可以是7~10天，甚至一个月；对在职员工的培训，则可以根据受训者的工作能力、经验,确定培训时间的长短。总体而言,培训时间以尽可能不影响受训者的工作为宜。

四、培训效果评估

培训的某一项目或某一课程结束后,一般要对培训的效果进行评价和反馈,以便找出受训者和组织在培训中的收获。对于员工来说,收获是学到了新的知识和技能,个人得到了成长,工作能力得到了提高。对组织来说,培训带来了整体绩效的提高。培训效果评估是指针对培训结果,运用一定的方法或测量标准检验培训是否有效。培训效果评估是一个完整的培训流程的最后环节,评估结果既是对整个培训活动实施成效的评价与总结,又为下一个培训活动提供了重要信息。

有关培训效果评估的最著名的模型是由柯克帕特里克(D. L. Kirkpatrick)提出的培训四级评估模型。从评估的深度和难度看,柯克帕特里克的培训四级评估模型包括反应层、学习层、行为层和结果层四个层次,这也是培训效果评估的主要内容。柯克帕特里克的培训四级评估模型标准框架如表2-1所示。

表2-1 柯克帕特里克的培训四级评估模型标准框架

层次	描述	标准
反应层	受训者对培训项目的哪些方面感到满意	受训者的满意程度
学习层	受训者从培训项目中学到了什么	受训者在知识、技能、态度、行为方式等方面的收获
行为层	通过培训,受训者的行为是否发生了变化	受训者在工作中行为的改进
结果层	受训者行为的变化是否对组织产生了积极影响	受训者在培训后的收获

（一）反应层评估

反应层评估是指受训人员对培训项目的看法，包括对培训教师、培训设施、培训方法和培训内容等的喜好程度，这些反应可以作为评估培训效果的依据。如果评价的信息显示大多数受训人员都喜欢培训项目，则说明他们对培训的内容是接受的。否则，受训人员将没有兴趣参加培训，也没有学习动机。反应层评估可以为培训者提供改进培训的建议，让受训人员感觉到培训教师对他们意见的尊重，同时也能为今后确定培训的绩效标准提供参考。反应层评估的主要方法是问卷调查。问卷调查是在培训项目结束时，收集受训人员对培训项目的效果的评价，受训人员的反应对于如何开展后续培训至关重要。

（二）学习层评估

学习层评估是目前最常见也是最常用到的一种评估方式，它能反映受训人员对原理、事实、技术和技能的掌握程度。学习层评估的方法包括笔试、技能操练和工作模拟等。笔试是了解受训人员知识掌握程度的最直接的方法。对于一些技术方面的培训，则可以通过绩效考核的方式来了解受训人员技术掌握和提高的程度。对学习效果进行评价，有利于激发受训人员的学习动力。

（三）行为层评估

行为层评估往往发生在培训结束后的一段时间，由上级、同事或客户观察受训人员的行为在培训前后是否有差别，他们是否在工作中运用了培训中学到的知识。这个层次的评估可以采取问卷调查或实际考核的方式进行，当然也可以由受训人员进行自我评价。

（四）结果层评估

结果层评估主要是评估培训项目给组织带来了什么样的结果或变化，对受训人员及组织的绩效有什么改善。对组织而言，培训结果可以通过一些指标来衡量，如事故率、生产率、员工流动率、产品合格率等。通过对以上指标的分析，组织能够了解培训带来的收益。当然，培训的结果不能简单地用一些数据来考量，而是要综合考虑。

培训效果评估的方法有很多，在进行具体的评估时应当根据评估的内容来选择合适的方法。对反应层进行评估时常常采用问卷调查法、访谈法等；对学习层进行评估时常采用考试法、演讲法、讨论法和演示法等；对行为层和结果层进行评估时，多采用实际考核和分析总结的评价方法。

第三节　培训的形式和方法

员工培训是一项非常复杂的活动，要想达到预期的效果，必须结合组织的具体情况选择合适的培训形式和方法。

一、培训的形式

目前，很多研究者将培训划分为两类，即在职培训和脱产培训，但笔者认为，入职培训有别于在职培训和脱产培训，应单独作为一种培训形式。

（一）入职培训

入职培训也称岗前培训或向导性培训，是指为了使员工适应工作需要而进行的各种训练活动。入职培训的内容主要侧重两个方面：企业文化培训和岗位业务培训。企业文化培训的内容包括企业的发展概况、规章制度、行为规范、发展战略等内容。通过企业文化培训，员工能形成一种与企业文化一致的心理素质，从而尽快适应工作环境，以便在工作中形成正确的价值观念。岗位业务培训的内容包括业务知识、技能和管理实务方面的培训。业务知识是指除专业知识外，从事某项工作所需要的知识；技能是指从事某项工作所需要的特殊技能；管理实务是指从事某项工作的程序、方法和标准等。

（二）在职培训

在职培训是指员工不离开自己的岗位，在实际工作岗位和工作场地进行的培训。一般来说，在职培训要在知识更新、技能拓展、观念转变、心态转变和潜能开发五个方面取得成效。

在相关培训中，对在职员工的培训占整个组织培训工作量的80%～90%。由于在职员工人数众多、培训需求千差万别、现有水平参差不齐，所以在职培训需要长期持续并逐步深入。组织在职人员培训是做好组织培训工作的关键，它强调紧密结合职位的实际情况，以员工任职资格和能力为出发点，着眼于员工整体素质的提高，让员工学以致用。

在职培训形式的优势在于员工的正常工作不会受太大的影响，可以边工作边培训；培训的实际效果较好，员工在工作的过程中能够及时地运用培训所学的知识和技能；培训成本比较低，不需要另外购买培训设备。缺点是培训的过程容易受外界环境的干扰，影响培训的效果；局限性较大，一般只适用于能够在实际工作中观察、学习到的知识和技能的培训；可能会影响正常的工作，导致工作效率低下。

（三）脱产培训

脱产培训是指员工离开自己的工作岗位专门参加的培训，即员工暂时离开现职，脱产到高校、科研机构或其他有关组织参加时间较长的培训。这种培训形式主要用来培养组织紧缺的人才，或是为了引进新设备、新工艺、新产品以及开办新业务，由组织挑选员工进行脱产集中学习。

脱产培训的优点是能够使受训者集中精力和时间接受培训，免受工作等其他事情的干扰，有助于受训者获得更多的知识和技能，从而有助于增强培训效果，提高培训质量。缺点在于受训者离开工作岗位会使正常工作受到影响，进而可能影响组织的绩效。同时，脱产培训的成本较高。其成本包括两方面，一是机会成本，即受训者离开工作岗位期间组织遭受的损失；二是直接成本，即受训者的学费、差旅费和伙食补贴等直接费用支出。

二、培训的方法

随着员工培训理论的不断发展，企业对员工培训的方法也变得日趋多样和成熟，主要的培训方法有授课法、研讨法、案例法、工作轮换法、户外拓展法和视听法等。企业培训方法的选择对培训效果有直接影响，因此针对不同的培训对象和培训内容，必须选择不同的培训方法，才能达到企业员工培训的目的。

（一）授课法

授课是最普遍的员工培训方法，指的是讲师通过讲授和演示，向员工传授知识和技能。授课法具有实施方便、效率高的特点。在实施授课法时，培训人员要精心选择培训内容，培训的内容要符合企业和员工的需求并考虑员工的接受能力。讲师的选择也是关键，要选择专业的、经验丰富的授课老师。

（二）研讨法

研讨法是员工培训的重要方法之一，是一种围绕某一专题鼓励员工就所学知识进行提问、探讨的培训方法。员工之间通过交流来解决学习和生产中存在的问题，有助于员工巩固知识，提高员工的综合能力和解决实际问题的能力。

（三）案例法

案例法源自国外大学的教学模式，是研讨法的延伸。这种培训方法是在培训过程中围绕一定的培训目的，对实际工作中的真实情景进行典型化处理，形成供员工思考分析的案例，让员工以独立研究和相互讨论的方式解决案例中存在的问题，提高员工分析问题和解决问题的能力。案例法的主要优点是能鼓励员工认真思考、主动参与，并发表个人见解和体会，可以提高员工的表达能力，培养员工的合作精神。案例法的重点在于如何提高员工培训效果，难点在于教学案例的开发。

（四）工作轮换法

工作轮换又称轮岗，是一种通过调动员工工作职位的方式进行培训的方法。职位的变化可以丰富员工的工作经验，全方位提高他们的技能水平，使他们能够了解其他职位的工作内容。工作轮换法的优点是丰富培训对象的工作经历，增进部门之间的了解与合作；缺点是工作的连续性和深度可能会受到影响，在职位轮换的过程中，由于时间有限，员工不可能深入了解各个职位详细的工作内容。总体来看，工作轮换法有助于企业培养通用型管理人员，有助于提高年轻管理人员或者预备管理人员的管理能力，了解整个组织的情况。

（五）户外拓展法

户外拓展法是指通过开展户外活动来提高员工协作能力的一种培训方法。这种方法最适用于培训与团队效率有关的技能，如问题解决能力、冲突管理能力和风险承担能力等。户外拓展培训的方式一般是团体性的体育活动或游戏，如登山、攀岩、走木桩、翻越障碍等。企业员工培训如果采用户外拓展法，一定要有针对性，通过户外活动来达到对员工进行培训的目的，这一点很重要。

（六）视听法

视听法是指利用幻灯片、录像、录音等视听材料进行培训的一种方法。视听法的优点是受训人员可以反复观看培训课程的重点内容；培训内容丰富、直观，适用于传授不易用语言表达清楚的内容；视听设备的一次性购置成本较高，但如果参加培训的员工较多或培训次数较多，则采用视听法的成本会降低。另外，视听法对培训场地有一定的要求。

第四节　员工培训体系及其管理要点

培训是企业发展不可或缺的一部分，构建完整的员工培训体系能够最大限度地发挥人力资源开发的作用。人力资源与企业的发展息息相关，所以企业要格外重视人力资源的开发。培训是企业人力资源管理体系中必不可少的环节，是提高企业核心竞争力的重要手段，它能提高员工的业务能力，使企业资源利用效率最大化。就目前而言，企业最需要做的就是构建科学、高效的员工培训体系，以此保证员工培训的质量。

一、员工培训体系

（一）课程体系

开展员工培训工作的基础就是构建合理的课程体系。企业在构建课程体系时，需要以岗位维度和功能维度为基础，以此确保课程体系符合员工和企业双方发展的需求。

（二）师资体系

师资队伍是培训工作的主力军，是整个体系中最关键的一环，建立一支优秀的师资队伍尤为重要。企业可以从职称、专业、基层经验等方面入手，严把师资队伍准入关。企业要结合实际发展需求，落实好"干部上讲台"制度，选聘一线安全管理人员、技术人员担任兼职讲师，着力提升讲师队伍的素质，要组织好知识更新培训、专业技术职称晋升、深入生产现场实践调研、讲师讲课技能大赛等工作。

（三）制度体系

制度体系的实质是培训流程、体系、计划的结合，为了确保培训工作的质量，所有的培训活动都要以制度体系为准。企业要严格落实从业人员准入制度、持证上岗制度和先培训后上岗制度。在此基础上，形成培训管理制度体系，之后再根据企业发展的需要，对该体系进行补充和优化，同时将制度贯彻落实到具体的工作环节中。

二、员工培训体系的管理要点

（一）完善培训运行机制和方法

企业完善培训运行机制，可以从以下几个方面着手：对经营管理人员的培训，要紧紧围绕企业的战略发展要求，以企业发展理念为指导，不断提高各级领导干部的管理水平；对专业技术人员的培训，要结合企业的发展需求，将科学技术、改革创新等融入其中，在培训过程中运用专项培训、专题讲座及技术指导等方式，不断提高专业技术人员的综合知识素养和创新能力；对操作技能人员的培训，主要以实际操作为主，企业负责抓好关键岗位技术工种的高技能人才培训，基层单位主要利用现有的实操培训基地和工作场所、设备，广泛开展岗位实操培训、师带徒、岗位练兵、技能比武等活动，充分发挥技能大师工作室的"带徒传技"和技能培训作用，全方位提高操作员工的技能水平，为企业培养更多的专业技术人才。

另外，培训部门要充分利用互联网技术和信息化手段，积极创新培训方式方法，充实丰富培训内容，增强培训的针对性，充分调动员工参与培训的积极性；根据培训内容、培训要求和受训人员的特点，改进方式方法，开展研讨式、案例式、模拟式、体验式等示范培训；探索运用访谈教学、行动学习、翻转课堂等方法，鼓励和支持通过网络课堂、专题讲座等形式开展各方面基础性知识培训。

（二）完善培训的基础设施

培训基础设施的完善，能为员工创造一个良好的学习环境，有利于提高培训工作质量。因此，培训部门要加强员工实操考核基地建设，根据员工实操培训和考核标准要求，配备相应的实操教学设施设备和模拟仿真系统，满足各种作业岗位实操培训的需要。各基层单位要结合本单位现场实操培训的要求，以关键技术岗位工种为重点，充分利用现有场地和设施设备，有计划地建立本单位的实操实训基地。

要鼓励有条件的单位结合生产实际，利用先进的网络技术等，组织专门力量开发关键岗位工种仿真实训系统。各单位、各级领导要充分认识到现场培训对提高员工安全技能水平的作用，抓实、抓好现场培训；各部门要运用互联网、多媒体等现代化技术手段，组织开展好员工安全意识和安全知识的教育培训，不断增强员工的安全意识。

（三）制定科学的评价机制

企业要高度重视培训考核结果，制定培训费用与培训完成情况相一致的制度。同时，还要加强对培训讲师教学效果的考核，制定科学的考核机制，以受训人员对讲师的评价为参考，定期对讲师的教学质量和教学水平进行考核评价，根据评价结果予以相应的奖罚，对考核不合格的讲师及时进行调整。

另外，企业要完善培训的激励制度，培训考试合格的员工，其培训费由企业承担，其中，对于初次取证和换证培训考试成绩优秀的员工，企业可以给予相应奖励；培训考试不达标的员工，除需要进行补考外，还要再次接受培训，如果成绩仍然不达标，其培训费用自行承担。严格的考核激励制度，有助于激发员工参与培训的积极性。

综上所述，人力资源管理在企业的建设过程中有着重要作用，科学合理的员工培训体系是人力资源管理工作的核心，不仅能够使企业的管理结构更加完整，还能够提高员工的业务能力，提升员工工作的积极性，提高企业的生产效率和产品质量，增加企业的经济效益。

第五节　绩效工资制度与员工培训

绩效工资制度是以员工的具体工作业绩和能力表现为参考依据，并按照科学合理的执行标准来进行员工薪酬核算的制度。目前，大多数企业都采用这种科学的薪资核算制度。这一制度本身具有极大的科学性和优越性——按劳分配，多劳多得，员工所做的事情越多，所获得的报酬也越多。绩效工资制度能够提升员工的满足感和获得感，也会在一定程度上增强员工的企业荣誉感和归属感，激发员工的工作内驱力，减少员工缺勤、旷工的情况，进而提高员工的工作效率。另外，绩效工资制度还能促进员工培训工作的顺利实施。

一、绩效工资制度对员工培训的积极作用

（一）激励员工积极参与培训

绩效工资制度产生的激励作用主要表现在员工和企业管理层两个方面。首先，对于企业的员工来说，绩效工资制度是以员工的具体工作表现和业绩为参考依据，员工可以通过提高自己的工作业绩、工作效率等方式来获得更高的薪酬。因此，员工为了获得更高的薪酬，会积极参加各种类型的培训，积极提升自身的能力，与各部门同事进行密切合作。这样，直接就能够提高员工培训工作的效率，加快企业培养人才的速度。从这一点也可以看出，绩效工资制度可以在很大程度上消除企业员工参加培训时的惰性，使员工从被迫学习转变为主动学习，将"我不能、我不会"变为"我可以、我能学"。

绩效工资制度能够有效地提高企业的工作效率，从而使企业的经济效益得到提升，也能够让企业看到对人力资源进行开发的重要性，以及提升企业员工专业技能水平的必要性，让企业愿意为人力资源开发投入更多的精力。同时，绩效工资制度也能促使企业的管理人员提高自身的管理水平，不断参与管理能力培训，学习新的科学合理的绩效工资制定标准，结合企业的实际情况，让企业的绩效工资制度更加合理，提高企业的生产效率，从而让企业得到长足发展。企业内部的人力资源结构趋于稳定之后，在远期发展过程中就能直接把握发展的契机，发挥自身的优势，在市场竞争中占有一席之地。

（二）增强员工竞争力，提高企业择优率

企业采用绩效工资制度能够激发企业员工的上进心，促使企业员工自觉地参与各种培训活动，提升自身技术水平，获得较高的薪资，满足自身的物质需求。同时，采用绩效工资制度，能够在员工之间形成竞争关系，这种竞争关系是十分有利于企业发展和员工自身发展的良性竞争，员工能根据周围同事的工

作情况，不断督促自己提高各种能力。另外，借助绩效工资制度可以形成可视化的数据，选出工作效率更高的员工，企业在进行人才选择时可以利用评估数据直接筛选出优秀的人才，对选出来的优秀人才进行专门的培养，提高人才的利用效率，并结合员工自身的发展特点，将能够胜任该岗位的人员分配到岗，让企业的人才分配更加合理。

（三）增强人力资源开发和培训的针对性

事实上，进行人力资源开发和培训的主要目的是将企业的人才力量进行整合，结合企业员工在进入企业前本身就具有的能力，以及进入企业后经过培训获得的能力，让企业员工为企业创造更多的价值。绩效工资制度的采用，在一定程度上会对人力资源开发和培训工作提出更高的要求。采用绩效工资制度后，企业员工在参加培训前就会对培训内容进行分析：此次的培训内容是否能够帮助自身成长，是否有利于自身业务水平和综合素质的提高，自己是否真正需要这样的培训，培训人员是否能起到良好的引导作用等。

如果不能满足企业员工的具体化需求，达不到理想的培训效果，绩效工资制度下的企业员工可能会由于培训过于低效而拒绝参加。并且，从企业的角度来看，员工培训的目的是通过丰富企业员工的知识、提高企业员工的技能水平，从而提高企业的生产效率，增加企业的经济效益。如果员工培训没有实现促进企业技术革新、制度革新、管理水平提升等方面的目标，不能提高企业的生产效率，那么企业自然就会降低对员工培训的关注度，不会给予其足够的重视，投入的资金就会相应减少，更不利于人力资源管理部门开展工作。

因此，人力资源管理部门在进行培训项目设计时，要对培训的效果进行充分的考量，并且在制订培训计划之前，需要对员工的实际需求以及其他各方面影响因素进行非常详尽的调查和研究，要明白企业内部各个部门差异化发展的策略，比如各个部门的人员需要怎样的培训、要达到什么样的目标等。此外，还要对企业的发展战略有一定的了解，根据企业未来的发展规划以及市场动向来确定员工培训的内容，确保在帮助企业员工累积知识的同时，也能帮助企业累积人力资本。

二、在员工培训中应用绩效工资制度的方法

（一）绩效工资价值比例合理化

绩效工资价值比例合理化是员工培训管理的重点，企业要将绩效工资价值比例控制在一个合理的范围内，这样才能最大限度地发挥绩效工资制度的优势，从而转变企业员工的工作态度。如果绩效工资的价值比例过高，可能会引发企业员工之间的恶性竞争，导致企业员工的凝聚力降低，反而会降低企业的生产效率，减少企业的实际经济效益。

反之，如果绩效工资的比例过低，企业员工的积极性不能够完全被调动起来，绩效工资的吸引力不够，也会在一定程度上降低企业员工对企业的期望值，甚至还有可能会造成人才流失，从而导致企业效益下滑。而且企业内部工作效率的降低，也会使得客户失去对企业的信任，从而对企业的品牌效益造成一定的影响，妨碍企业经济活动的正常开展。因此，对绩效工资的价值比例进行合理规划是员工培训管理的重点。

（二）完善制度体系

部分企业不仅绩效工资制度不公平，对企业员工的具体奖罚措施也不够明确，没有科学的评估体系，往往会出现员工的绩效被临时取消等情况，这就导致企业员工不能积极地开展工作，甚至消极怠工，也不愿意参加企业组织的培训来提升自身的能力。企业员工的个人素质以及专业技能长时间得不到提高，会导致企业的经济效益逐渐下滑，甚至会导致企业内部出现贪污腐败、资金链断裂等现象，对企业造成一定的负面影响，不利于企业的良性发展。

另外，将绩效评估结果作为薪资核算的依据，需要考虑多方面的影响因素，不仅要考虑企业员工的工作性质和个人的努力情况，还需要结合员工过去和现在的绩效状况。在绩效评估体系的建立过程中，要注意团队合作的重要性，也要注意企业员工个人的积极性，要将企业员工个人的考核指标与团队的考核指标细化，按比例分布，使企业员工个人的积极性与团队的合作性联系起来，强调团队合作的重要性，同时也要肯定个人在企业中的价值。

第三章　员工激励与沟通

第一节　激励概述

一、激励的概念、作用及类型

（一）激励的概念

激励，一般指激发管理对象的行为动机，调动其积极性和创造性，使其努力实践，实现组织目标的过程。换句话说，激励就是组织通过适当的奖酬形式，借助一定的行为规范和惩罚性措施，通过信息沟通，来激发、引导组织成员的行为，以有效地实现组织及其成员个人目标的系统活动。这一定义包含以下几方面的内容：

第一，激励的出发点是满足组织成员的各种需要，即通过适当的奖酬形式，来满足企业员工的外在需求和内在需求。

第二，科学的激励工作需要奖励和惩罚并举，既要对员工表现出来的符合企业期望的行为进行奖励，又要对不符合企业期望的行为进行惩罚。

第三，激励贯穿于企业员工工作的全过程，包括对员工个人需求的了解、对员工个性的把握、对员工行为过程的控制和对员工行为结果的评价等。因此，激励工作需要耐心。

第四，信息沟通贯穿于激励工作的始末，从企业对激励制度的宣传、企业对员工的了解，到企业对员工行为过程的控制和对员工行为结果的评价等，都依赖信息沟通。信息沟通渠道是否通畅,信息沟通是否及时、准确、全面,直接影响着激励的效果和激励工作的成本。

第五,激励的最终目的是在实现组织预期目标的同时,也能让组织成员实现其个人目标,即达到组织目标和员工个人目标在客观上的统一。

(二)激励的作用

1.有利于组织目标的实现

组织目标的实现需要资金、设备和技术等多种因素的支持,但最关键的因素是人,组织的目标是靠人的行为来实现的,而人的行为则是由积极性推动的。若没有人的积极性或人的积极性不高,再雄厚的资金、再先进的技术都无法保证组织目标的实现。那么人的积极性从何而来呢?企业又如何保持员工已有的积极性呢?答案是激励。

有人曾说过:"你可以买到一个人的时间,你可以雇佣一个人到指定的岗位工作,你甚至可以买到按时或按日计划的技术操作,但你买不到热情,你买不到主动性,你买不到全身心的投入。"而激励却能做到这些,从而有利于组织目标的实现。

2.有利于开发人的潜能

人除了日常所表现的能力之外,还存在着许多尚未表现出来或未被发掘出来的能力,这就是潜能。人的潜能是巨大的。美国哈佛大学的一位教授通过研究发现:一般情况下,人们只需要发挥20%~30%的能力就足以应付自己的工作,但如果给予他们充分的激励,他们就能发挥出80%~90%(甚至更高)的能力,并能在工作中始终保持高度的热情。从这项研究中可以看出,员工平时表现出来的能力相当于激励状态下的1/3或1/4,由此可见激励的重要性。

3.有利于实现个人目标与组织目标的统一

组织中的每个员工都有其个人目标和个人需求,这是促使其做出各种行为的基本动力。个人目标和组织目标之间既有一致性又存在着许多差异。当个人目标与组织目标一致时，个人目标的实现有利于组织目标的实现，但当两者相背离时，个人目标的实现往往会干扰甚至阻碍组织目标的实现。这时组织可以通过激励强化员工符合组织要求的行为，通过惩罚遏制员工不符合组织要求的行为，以满足员工的个人利益和需求为基本作用力，促使员工对个人原有行为方向或方式进行调整，从而实现员工个人目标和组织目标的统一。

4.有利于增强组织成员的社会责任感

激励通常是对优秀人物进行表扬与奖励，对不良行为进行批评与惩罚，从而起到一定的示范作用，加深组织成员对社会要求和组织要求的认识，引导组织成员树立正确的世界观、人生观、价值观，促使其约束自己的思想和行为。激励还具有激发组织成员荣誉感和羞耻感，培养组织成员积极的进取心和坚强意志的作用。这些都有利于增强组织成员的社会责任感，提高组织成员的素质。

（三）激励的类型

不同的激励类型对人们的行为会产生不同程度的影响，所以选择合适的激励类型是做好激励工作的先决条件。

1.物质激励与精神激励

虽然物质激励与精神激励的目标是一致的，但是它们的作用对象却是不同的。前者作用于人的生理方面，是对人物质需求的满足，后者作用于人的心理方面，是对人精神需求的满足。随着人们物质生活水平的不断提高，人们的精神与情感需求越来越迫切，比如期望得到爱、得到尊重、得到认可、得到赞美、得到理解等。

2.正激励与负激励

所谓正激励，就是当一个人的行为符合组织的要求时，组织会通过奖赏的方式来鼓励这种行为，以达到发扬这种行为的目的。所谓负激励，就是当一个人的行为不符合组织的要求时，组织会通过制裁的方式来抑制这种行为，以达到减少或消除这种行为的目的。正激励与负激励作为激励的两种不同类型，目的都是要对人的行为进行强化，不同之处在于二者的取向相反。正激励起正强化的作用，是对行为的肯定；负激励起负强化的作用，是对行为的否定。

3.内激励与外激励

所谓内激励，是指由内酬引发的、源自员工内心的激励，即工作任务本身给工作者带来的激励，如对任务的好奇心、对任务的喜爱和全身心投入等，内激励往往产生于工作任务的展开过程中。所谓外激励，是指由外酬引发的、与工作任务本身无直接关系的激励，即由任务下达者提供的货币奖励、表扬及职务晋升等，外激励往往与工作结果相关。个体的内激励倾向是其创造活动的一个关键影响因素，内激励的大小与个体的创造力呈显著正相关关系。

内酬是指工作任务本身的刺激，即员工在工作进行过程中所获得的满足感，它与工作任务是同步的。追求成长、锻炼自己、获得认可、自我实现、乐在其中等内酬所引发的内激励，会产生一种持久的作用。外酬是指工作任务完成之后或在工作场所以外所获得的满足感，它与工作任务不是同步的。如果一个人选择了一项又脏又累、谁都不愿干的工作，那可能是因为完成这项工作将会得到一定的外酬，即奖金或其他额外补贴，一旦外酬消失，他的积极性可能就不存在了。所以，由外酬引发的外激励是难以持久的。

二、激励的原则和方法

（一）激励的原则

1.可持续性原则

员工能够一直保持积极性是组织保持强大生命力的关键，要想使员工保持积极状态，就需要遵守激励的可持续性原则。在实际的企业管理中，有些管理者会设立一些吸引人的目标，使员工产生很高的期望。这些目标开始时对员工有很强的激励作用，但是经过一段时间后，管理者不去落实，员工逐渐失望，进而就失去了积极性。如果一直这样，员工就会对企业失去信任，也很难再有积极性。

有些管理者认为，激励力度越大效果越好，所以就加大激励力度。这在一定时间内会调动员工积极性，但是过一段时间后员工的目标要求会更高，期望也会更高，如果不加大激励力度，他们就不会保持原有的积极性，这样会造成恶性循环，无法保证激励的可持续性。

2.公开性原则

（1）激励表达要明确

激励的目的就是让更多的人知道"需要做什么"和"必须怎么做"，如果激励表达模糊不清就失去了引导的意义。

（2）激励要公开

对于奖金的分配等比较敏感的问题，员工是高度关注的。企业的激励政策公开、透明，可以使激励政策更具有说服力，也有利于对激励政策的落实进行监督。

（3）激励实施要直观

实施物质激励和精神激励时都需要对激励的方式进行直观的表述，因为激励的直观程度与激励的效果成正比。

3.公平性原则

在日常工作中，员工常常会不自觉地把自己在工作中所付出的努力与自己所得到的报酬同别的员工进行比较，关注自己所得到的报酬是不是合理、公平的。如果员工觉得自己的报酬不合理，比别人低，就会在工作中产生抵触情绪，工作效率降低。因此，企业的经营者在进行激励时要努力使每个员工都得到公平、合理的报酬，只有这样才能使员工感到公平，最终激发员工的工作积极性。

4.赏罚并举原则

赏与罚要同时存在，对于工作做得很好的员工就应该给予肯定和鼓励，反之则应该进行惩罚。在工作中，管理者应采用"强化理论"，对业绩突出的员工给予表扬，对业绩差的员工给予惩罚。强化有两种类型，即正强化和负强化。

正强化是对员工做了某些好的行为后,给以物质和精神鼓励,使该行为保持下去,当然正强化需要不断地加强,才会起到积极的作用。负强化是对某些不好的行为给以批评和惩罚,使该行为减少、消失。在实际工作中,管理者一定要做到赏罚并举,鼓励合理的行为,抑制不合理的行为。通过赏与罚,树立榜样和反面典型,从而培养员工的责任意识,激发员工的积极性。

(二)激励的方法

激励是以人的需求为突破口的,它通过满足员工的需求来激发其工作的积极性,但是人的需求又是复杂多样的,这就决定了激励的方法也必须是多种多样的。管理者必须根据激励对象的不同,灵活地运用不同的激励方法。激励的方法主要有以下几种:

1.金钱激励法

金钱及个人奖酬是使人们努力工作的最重要的激励手段,企业要想调动员工的工作积极性,主要的方法还是增加经济性报酬。虽然在知识经济时代,人们生活水平已经显著提高,金钱与激励之间的关系弱化,但是物质需求始终是人们最基本的需求,是人们从事一切社会活动的基本动机,所以物质激励仍然是激励的主要形式。在运用金钱激励法时,企业管理者必须注意以下几点:

(1)金钱的价值不一

相同的金钱对不同收入的员工来说有不同的价值。对一些人来说,金钱是极其重要的,而对另外的一些人来说,金钱就可能没有那么重要。

(2)金钱的激励必须公平

一个人对他所得到的报酬是否满意不是只看绝对值,而是要进行社会比较或历史比较。通过比较,员工可以判断自己是否受到了公平对待,这会影响员工的情绪和工作态度。

(3)必须反对平均主义

平均分配等于无激励。在平均主义的金钱激励之下,企业尽管支付了奖金,对员工也不会有很大的激励作用。

2.目标激励法

目标是组织对个体的一种心理引力。所谓目标激励就是确定适当的目标，诱发人的动机和行为，达到调动人的积极性的目的。目标具有导向和激励的作用。一个人只有不断追求更高的目标，才能激发其奋发向上的内在动力。正如一位哲人所说，目标和起点之间隔着坎坷和荆棘；理想与现实的矛盾只能通过奋斗去解决。目标会使弱者望而却步，会使强者更加斗志昂扬，远大目标不会像黄莺一样歌唱着向我们飞来，却要我们像雄鹰一样勇猛地向它飞去，只有不懈地努力、奋斗，才能达到顶峰。

3.荣誉激励法

从人的动机看，人人都有自我肯定、争取荣誉的需求。对一些工作表现比较突出、具有代表性的先进人物给予必要的精神奖励，是很好的精神激励方法。合理的精神激励可以满足人的精神需求。荣誉激励是精神激励中的重要部分。在运用荣誉激励法时，企业还要注重对集体的鼓励，以培养员工的集体荣誉感和团队精神。

4.情感激励法

情感是影响人们行为最直接的因素之一，任何人都有各种情感需求。按照心理学的解释，人的情感可以分为利他主义情感、好胜情感、享受主义情感等类型。这就需要企业的管理者关注企业员工情感需求，关心员工的生活，敢于说真话、动真情、办实事。在满足人们物质需求的同时，还要关心员工的精神生活和心理健康状况，提高员工的情绪控制能力和心理调节能力。对于他们遇到的事业上的挫折、感情上的波折、家庭中的矛盾等要给予及时的疏导，以营造出一种相互信任、相互关心、相互体谅、相互支持、互敬互爱、团结融洽的良好氛围，切实增强员工对企业的归属感。

5.信任激励法

一个社会的正常运行，必须以人与人之间的互相信任为"润滑剂"。一个企业也是如此，人与人之间必须建立相互信任的关系，特别是领导对自己的员工要充分信任。信任是促进人与人之间相互理解的"催化剂"。信任激励是一种基本的激励方式。领导之间、上下级之间、下属之间的互相理解和信任是一种强大的精神力量，有助于人与人之间的和谐共处，有助于团队精神和凝聚力的形成。

6.知识激励法

随着知识更新的速度不断加快，一些企业存在着员工知识结构不合理和知识老化现象，这就需要企业管理者一方面在管理过程中不断丰富知识积累，提高自己的专业水平和管理水平，另一方面不断地加强员工培训。对企业一般员工可加大职业培训的力度，对各类人才也可以进行脱产或半脱产培训，把对企业员工的培训作为企业长期发展的一个重要目标，从而不断提高企业员工的文化素质和技术水平。

7.参与激励法

在管理过程中，让员工参与管理能够增加他们对组织的关注度，促使他们把组织目标变成个人的追求，变成他们乐于接受的任务，使个人在实现组织目标的过程中获得成就感。人都是有一定的志向和抱负的，愿意为自己所追求的事业付出努力，并在这个过程中获得精神上的满足。参与激励法就是建立在这种心理活动机制之上的一种激励方法。

8.数据激励法

数据激励是一种通过数据对比的方式选出先进员工与后进员工，并鼓励先进、激励后进的激励方法。心理学家认为，明显的数据对比，能够加深人的印象，让人产生强烈的追求欲望。这是因为人都是有自尊心的，数据激励正是基于人们的这种自尊心，以数据的形式将员工工作成果上的差别鲜明地表现出来，从而实现对员工行为的定向引导和控制。

总之，企业在实施激励时，方法的选择很重要，只有选择合适的方法，切实落实激励机制，才能激发员工的工作热情、调动员工的积极性。

三、激励机制

激励机制的好坏是决定企业兴衰的关键因素之一。选择科学合理的激励机制能够增强企业的凝聚力，提升企业的社会效益与经济效益。

（一）激励机制的定义和内容

1.激励机制的定义

激励机制是"激励"和"机制"两个词语的有机结合。所谓机制，是指系统内各子系统、各要素之间相互作用、相互联系、相互制约的形式和运动原理，以及内在的、本质的工作方式。机制包括以下几层含义：

第一，机制按照一定的规律自动发生作用并导致一定的结果。

第二，机制不是最终结果，也不是起始原因，它是把期望转化为行动、把原因转化为结果的中介。

第三，机制制约并决定了某一事物作用的发挥。

第四，在一定的系统中，机制是客观存在的，它所反映的是事物内在的、本质的作用方式和规律，是系统各组成部分之间相互作用的动态关系。

第五，机制的优劣是以其作用于系统而带来的系统机能的强弱变化为评价标准的。

通过以上分析，我们可以把激励机制定义为：在组织系统中，激励主体与激励客体之间通过激励因素相互作用的方式。

2.激励机制的内容

根据激励机制的定义，激励机制应包括以下内容：

（1）行为导向制度

行为导向制度是组织对所期望的员工的努力方向、行为方式和应树立的价值观的规定。

（2）行为幅度制度

行为幅度制度是指对由诱导因素所激发的行为在强度方面的控制规则。借助行为幅度制度，可以将个人的努力水平控制在一定范围内，以保证奖酬对员工的激励效率。

（3）行为时空制度

行为时空制度是指奖酬制度在时间和空间方面的规定，包括特定的外在奖酬以及特定的与绩效相关的时间限制。这样的规定可以防止员工的短期行为，从而使企业所期望的员工行为在一定的时间和空间范围内具有一定的持续性。

（4）行为归化制度

行为归化制度是指对成员进行组织同化和对违反行为规范或达不到要求的成员进行处罚和教育的制度。行为归化实质上是组织成员不断学习的过程，对组织的发展具有十分重要的意义。

（二）激励机制设计

1.激励机制设计的内容

所谓激励机制设计，是指组织为实现其目标，根据成员的个人需要，制定适当的行为规范和分配制度，以实现人力资源的最优配置，达到组织利益和个人利益的一致。

激励机制设计的实质是要求管理者通过理性化的制度，规范员工的行为，调动员工的工作积极性，谋求管理的人性化和制度化之间的平衡，以达到有序管理和有效管理。激励机制设计包括以下几个方面的内容：

第一，激励机制设计的出发点是满足员工个人的需求。设计各种各样的外在性奖酬，并设计具有激励特性的工作，从而形成一个诱导因素集合，以满足员工个人的外在需求和内在需求。

第二，激励机制设计的直接目的是调动员工的积极性，其最终目的是以实现组织目标体系来指引个人的努力方向。

第三，激励机制设计的核心是分配制度和行为规范。分配制度将诱导因素集合与组织目标体系联系起来，规定员工达到特定的组织目标（即绩效标准）将会得到相应的奖酬。行为规范将员工的性格、能力、素质等个人因素集合与组织目标体系联系起来，规定个人以一定的行为方式（即路径）来达到一定的目标。

第四，激励机制设计的效率标准是使激励机制的运行更有效率。决定机制运行成本的是机制运行所需的信息。信息沟通贯穿激励机制运行的始末，特别是组织在构造诱导因素集合时，要想了解员工个人的真实需求，必须充分进行信息沟通。通过信息沟通，将个人需求与诱导因素联系起来。

第五，激励机制运行的最佳效果是在较低的成本条件下达到激励相容，即同时实现员工个人目标和组织目标，使员工个人利益和组织利益保持一致。

通过以上分析，可以得到激励机制设计图，如图3-1所示。

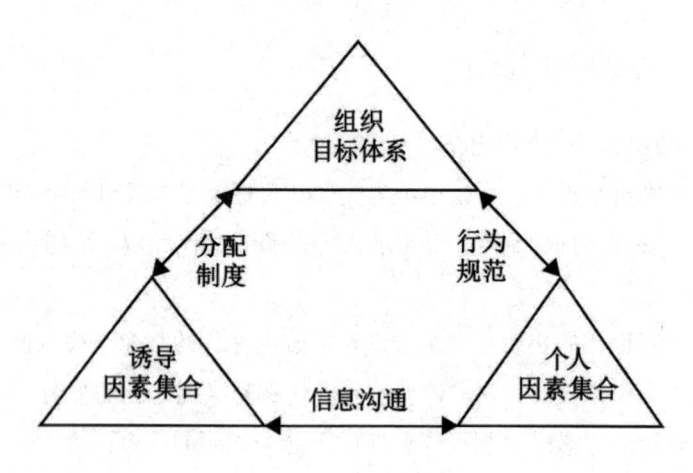

图3-1 激励机制设计图

2.激励机制设计的三个支点

组织目标体系、诱导因素集合和个人因素集合构成了激励机制设计的三个支点。这三个支点通过三条通路连接在一起，构成了一个完整的激励机制设计模型。

(1) 组织目标体系

巴纳德（C. Barnard）将共同目标看作组织存在的要素之一。西蒙（H. A. Simon）则将组织的目标分为两个，一个是能够维持组织生存下去的目标，另一个是保证组织发展壮大的目标。佩罗（C. Perrow）则详细地分析了组织的多层次目标，包括：

①社会目标，如生产产品、提供服务、产生和维持文化价值观念等。

②产量目标，包括向消费者提供的产品或服务的质量和数量等。

③系统目标，包括增长率、市场份额、组织气氛和在本行业中的地位等。

④产品特性目标，包括向消费者提供的产品或服务的品种、独特性、新颖性等。

⑤其他的派生目标，如参与政治活动、赞助教育事业、促进员工发展等。

为了使组织目标更好地和员工的工作绩效衔接，根据目标设置理论，组织可以将目标进一步分解和细化，使之成为员工工作绩效考核的标准。

(2) 诱导因素集合

诱导因素就是用于调动员工积极性的各种奖酬资源。巴纳德、西蒙等人都指出，个人加入组织是因为组织能提供个人所需要的各种奖酬，这些奖酬成为产生某种行为的刺激因素。组织将这些刺激因素作为引发员工做出符合组织期望的行为的诱导因素。组织对个人最具吸引力的诱导因素就是薪金或工资，即经济性奖酬。为了满足不同员工对奖酬内容的不同需求，组织可以列出奖酬内容的"菜单"，让员工自己选择。

(3) 个人因素集合

个人因素包括个人需求、价值观等决定个人加入组织的动机的一些因素，以及个人的能力、素质、潜力等决定个人对组织贡献大小的一些因素。组织只有真正了解和把握个人的需求，才能有效地激发、控制和预测员工的行为。总之，组织的激励机制设计要充分考虑员工的素质、能力水平，以及个人发展的愿望，将目标设置、工作安排与这些因素相结合。

3.激励机制设计的三条通路

在激励机制设计中，分配制度将诱导因素集合与组织目标体系联系起来，行为规范将个人因素集合与组织目标体系联系起来，信息沟通将个人因素集合与诱导因素集合联系起来。因此，分配制度、行为规范和信息沟通是激励机制设计的三条通路。通过三条通路的连接作用，使三个支点所包含的内容相互对应，形成一定的逻辑关系。

（1）分配制度

分配制度之所以成为诱导因素集合与组织目标体系之间的通路，是因为奖酬资源（诱导因素）是通过分配制度与个人完成目标的程度（绩效水平）相联系的，而个人正是通过分配制度看到了自己努力工作后得到奖酬的可能性，以及奖酬的多寡和具体内容的。组织分配行为的分配对象是奖酬资源，分配依据是个人完成目标的程度。

（2）行为规范

个人能力是在一定的制度环境中发挥作用的。遵守一定的行为规范，是个人加入组织的一个重要前提，即巴纳德所说的协作意愿。一个组织，只有通过一定的行为规范，才能将不同个人的努力引向组织的目标。行为规范是建立在对个人素质和能力水平的正确认识基础上的，个人通过遵守行为规范可以实现一定的组织目标，进而得到自己所期望的奖酬资源。同时，行为规范也可以作为控制和监督员工工作的依据。因此，行为规范是个人因素集合与组织目标体系之间的通路。

（3）信息沟通

激励机制设计所涉及的信息沟通，一方面使组织能及时、有效、准确地把握员工个人的各种需要和工作动机，从而确定相应的奖酬形式；另一方面，通过信息沟通，员工个人可以了解到组织有哪些奖酬资源，以及怎样才能获得自己所需要的奖酬资源。因此，信息沟通是连接个人因素集合与诱导因素集合的通路。

四、激励的实施

（一）创造激励性的薪酬机制

薪酬对员工来说非常重要，是员工收入的主要来源。然而，无论薪酬多么重要，它一定要与员工的工作表现产生直接关联，才能发挥应有的激励作用。企业应依据员工对企业贡献的大小，即工作表现的优劣来区分员工的薪酬。对于关键岗位、重要岗位以及技术含量较高的岗位，其员工薪酬要高于其他岗位。但员工无论在什么岗位，只要表现优异就应当得到适当的奖励。薪酬奖励不能单纯依据学历的高低，因为学历只是员工胜任本职岗位的必要条件，是潜能发挥的重要基础。对于能够明显量化的工作岗位，可将员工的工作效率作为薪酬奖励的重要依据，制定效率与薪酬紧密挂钩的制度，激发员工的工作动力。一般来说，企业员工总体薪酬水平较高，企业的凝聚力也就相对较强。

（二）营造良好的人文环境

营造良好的人文环境首先要建立公平公正的竞争机制。企业在制定各种政策、制度时，应当以不断提高企业的凝聚力、促进企业发展为出发点，综合考虑各方面因素，制定有激励性的制度。领导要严格贯彻执行规章制度，落实好各项考核实施办法，给员工创造一个公平公正的竞争环境；打通多个上升通道，建立针对科技人员、技能人员、销售人员的专门管理制度，认真考虑在薪酬激励方面的具体措施，鼓励人才充分发挥作用。此外，打造整洁文明、舒适宜人的花园式企业，为员工提供一个良好的工作环境，也是提高员工满意度的一个重要途径。

（三）制订个性化的激励方案

人的需求有若干层次，当一种需求得到满足之后，员工就会转向其他需求。

管理者应针对员工的具体情况进行个性化奖励。常见的个性化奖励方法如下：

1. 为优秀员工提供额外的福利

将福利作为员工表现优异时的报酬，既是物质奖励，也是特殊的精神奖励。

2. 为员工设定工作目标

对许多人而言，最强烈的工作动机来自工作自身的挑战性和自身渴望成就一番事业的愿望。基于此，企业可以为有才能者提供多种展示自我的机会，设定工作目标，并明确地告诉员工他们的工作目标是什么，提供足以回报他们贡献的报酬，以此对员工进行鼓励。明确的工作目标不但能清楚地规定员工的工作职责，也是评估其工作表现的客观标准。例如，以集体为主的项目，就把集体表现作为提供报酬的依据，以增强团队的合作意识。

3. 组织团队活动

不定期地组织团队活动可以增强团队凝聚力，有助于营造积极向上的工作氛围。常见的团队活动包括拓展训练、专题晚会、趣味比赛、出游爬山等。这些活动可以将员工聚到一起度过快乐的时光，让他们感受到集体的温暖，并留下美好的记忆。

4. 实施轮岗制度

岗位轮换可以丰富工作内容，增加挑战性，既有利于培养多面手，让员工克服岗位疲劳，同时又可以消除不同分工造成的隔阂，让员工互相信任、互相了解。

5. 加强教育培训

加强教育培训也是一种激励手段，在知识经济时代，知识相当于未来的长期薪酬，具有明显的激励作用。

（四）注重精神与情感激励

1. 注重表扬与称赞

领导要及时传达对员工杰出表现的赞赏。当员工完成某项工作、取得成绩时，最需要得到的是领导对其工作的肯定，但在实际工作中这一点最容易被领导忽略。其实，表扬和称赞员工并不复杂，根本无须考虑时间与地点的问题，随时随地都可以称赞员工。一句温暖或鼓励的话、一个真心的问候都能起到激励作用。

2.注重沟通与指导

沟通是互信的基石。沟通可以增进上下级之间的相互了解。在沟通中，领导真诚地指导下属改进工作方法，真诚地为员工答疑解惑，能拉近与员工的情感距离。

3.注重关心与尊重

当员工家中出现大的变故时，领导应当予以关心，必要时应给予适当的帮助。领导要学会尊重人，尤其是尊重有才能的人。来自领导的尊重可以转化为员工发挥个人创意的动力，从而提高员工的工作效率。这样一来，员工不仅能实现自身的价值，也能感受到来自领导的重视。

4.注重帮带作用

帮带的核心是身教大于言传。榜样的力量是无穷的，领导的品行和作风会直接影响员工，一个办事拖泥带水的领导是无法培养出一个雷厉风行的员工的。需要注意的是，帮带不是事必躬亲，什么事情都要领导来干。

（五）合理运用负激励

处罚是对企业内部规章制度的维护，是必需的，是必不可少的重要手段。相关调查表明，挨罚的人很多都是有特长的、优秀的员工。但是，如果企业遇到事情，采用一罚了之的做法，极有可能造成企业人才的流失。因此，要合理运用负激励，使处罚发挥出与正面表扬一样的作用。

第二节　沟通的重要性及影响因素

所谓沟通，是指人与人之间、人与群体之间思想与情感的传递和反馈的过程。组织内部的合理运作和经营，必须依靠不同人群的信息交换，而信息交换要通过员工、部门、领导之间感情、思想、策略上的交流来实现。对于组织内部各个员工来说，实现信息的互通有无，才能打破误解、曲解，更好地理解和领会企业管理目标。在企业管理中，沟通的主体可以是单位任何一个员工，信息从发送者到传递者，再到接收者，得到有效传播，这一过程不仅能帮助员工了解工作信息，还能促使其发表意见，让企业的管理变得更加高效。因此，有效沟通对企业管理极为关键。

沟通是一个信息从发出到接受再到反馈的循环往复的过程，听与问是这一过程的唯一实现方式，在沟通中主要起到建立信任、获得信息、发现问题、减少主观误差的作用。沟通时，人们通常抱着达成目标、信息交换、畅通情感的目的，将想要交换的信息，通过一定的方式在对象间进行传递。在企业管理领域，沟通通常被定义为社会组织及其管理者为了实现组织目标，在履行管理职责、实现管理职能过程中的有计划的、规范性的职务沟通活动和过程。它通常贯穿管理活动始终，以实现管理目标为目的。其本质是将沟通置于管理活动场景中，将沟通作为达成目标的必经环节。因此，沟通本身不是目的，而是信息传递的方式，是管理实践的过程。

一、沟通的重要性

（一）沟通是企业决策的基本依据

在现代企业管理制度下，企业只有借助沟通，才能促使内部成员就企业的发展目标形成各自的客观意见，才能使员工充分理解企业的决策目标，正确反馈对企业决策的意见和建议，防止企业内部信息被员工误解和曲解，致使企业发展决策得不到有效落实。企业和员工之间的有效沟通，能极大提升信息的正确率，保证决策的科学性和合理性。

（二）沟通是提高管理效率的保证

无论是企业的规章制度，还是企业领导对工作的重要指示，其有效落实都需要部门与部门之间、员工与员工之间进行高效的沟通，只有这样才能凝聚每个部门、每个成员的智慧，就企业的管理方向、方法等达成共识，减少推诿现象，让部门员工各司其职，分工合作；才能提高管理效率，更好地推动各个部门实现各自的工作目标。

（三）沟通可显著增强团队凝聚力

无论是什么性质的企业，都必须借助较强的团队凝聚力，才能实现企业的发展目标。而有效的沟通，能在企业内部营造一个良好的工作氛围，调动员工的工作热情，引发他们对工作问题的思考。在工作开展的过程中，如果团队内部在意见上有分歧，此时沟通便是化解矛盾、消除误解的"润滑剂"。沟通能够增进企业内部成员之间的了解，消除误会与隔阂，达成思想上的共识；沟通是领导者激励下属的重要途径，有利于建立良好的人际关系，营造良好的组织氛围；沟通能增强员工对企业的归属感，并在企业内部形成较强的工作正能量，以此感染更多的员工为实现企业发展目标努力。

（四）沟通是形成优质员工关系的先决条件

员工个体虽受利益、志趣、情感等因素的驱动而走到一起，但若没有沟通，最终还是无法形成高效的生产合力，因此沟通是员工间、部门间及企业内外部交流的通道，是员工关系形成的基础。良好的沟通可以有效降低不良产品或服务的产生概率，减少冲突。缺乏沟通是众多员工问题产生的重要原因，在无形中降低了企业、部门的运转效率，不利于员工主动性和创造性的发挥。由于在员工关系处理过程中，参与者多为员工个体与企业代表（人力资源经理或部门经理，或二者均有），在参与者所处的位置、话语权等明显不对等的环境中，沟通的有效性直接决定了员工关系处理的信度和效度。

（五）沟通可以有效增强企业的核心竞争力

沟通可以有效增进人与人、人与组织及组织与组织之间的了解，有效提高企业各层面合作效率与整体运转效率。沟通进一步拉近了员工与员工、员工与领导、员工与企业间的距离，良好的沟通使企业和员工在思想意识层面保持一致，增强企业和团队的向心力与凝聚力，减少企业人力资源管理中的阻力，增强企业的核心竞争力。

综上所述，沟通是现代企业管理的核心和本质，正如日本管理大师松下幸之助所说："企业管理的过去是沟通，现在是沟通，未来还是沟通。"

二、影响沟通的因素

目前，国内的中小企业数量占全国企业总数的90%以上，由于规模、人员素质、管理水平等因素的制约，忽视沟通是企业管理中普遍存在的问题。管理者对沟通在企业管理中的作用还缺乏充分、正确的认识。企业员工在行为方式、感受诉求等方面产生的变化，使其对沟通的要求更加多样化和个性化。随着全球经济一体化进程的日益加快，企业间的竞争愈发激烈，沟通成为企业生存发展的关键因素。

（一）地位与专业背景的差异

在企业管理中，沟通发起者一般是企业管理者，而沟通对象往往是职级较低的员工。由于地位、话语权的严重不对等,导致职级较低的员工在沟通中多处于被动地位,他们希望通过与管理者保持距离来获得一定的安全感,同时不想过多地自我暴露,以期在沟通中获得更多的优势。企业管理的参与者往往来自不同部门、岗位,专业背景的不同导致参与者从语言输出能力到思维模式再到表达方式都有着很大的差异,降低了沟通效率,甚至有管理者将沟通异化为象征性谈话。

(二)认知偏差、经验主义和情绪管理

认知上的偏差是普遍存在的。人们在缺乏专业训练的情况下会形成"别人如此,他也不会例外""同样一份工作,男性一定比女性做得好"等各种偏见,久而久之就会形成思维惯性,在工作中不自觉地给自己戴上"有色眼镜",这势必会影响与他人沟通的有效性。

在年龄、经历、资历、职务等方面的优势会使沟通者不自觉地产生较强的自我优越感,在缺乏自制的情况下,会导致各种经验主义做派泛滥。沟通者在经验主义的影响下会形成单向沟通模式。没有经过全面信息收集、去伪存真过程的沟通往往是失败的,在相关问题的处理上不仅不利于问题的解决,有时反而会使问题变得更加复杂。

在人们的生活和工作中,情绪如影随形,影响人们的谈吐和判断力。一个情绪冲动、性格强势、语速快的沟通者往往会使被沟通对象产生抵触情绪,如果沟通不能以敞开心扉为基础,即使作出决策也会是失败的决策。学会情绪管理对提升沟通的有效性以及促进企业的健康发展具有重要意义。

(三)非正式沟通

企业的信息沟通主要有正式沟通和非正式沟通两种形式,员工间的社会互动是非正式沟通产生的根源。非正式沟通的目的是通过信息传递实现个体间的情感交流与认同,其主要形式为小道消息。小道消息以非正式组织为载体,对组织的价值观、信念、制度、政策等进行现实阐释与传播，它不分地位、职衔，把组织的成员联系在一起，不仅向员工传递信息，而且解释信息的潜在内涵与社会意义。小道消息会受到消息来源、传递动机、传递者的情感等因素的影响，一般会有失真、歪曲、可信度低的缺点。如果低信度的信息在企业中大量扩散，并且企业没有及时以正式沟通的方式进行处理，会导致员工内部人心涣散，使员工出现情绪低落、下意识地消极怠工等现象，对管理层的公信力产生较大的冲击，严重时会在各层级形成沟通障碍。

（四）组织文化

组织文化是对企业的构想、使命、期望等信息的全面而准确的体现，在员工行为、思想意识、企业战略、发展目标、制度设计等各方面起着指引与规范的作用，决定了企业与员工是否能建立心理契约。只有组织文化倡导员工参与管理，才能真正使心理契约建立政策有效落地。相关数据表明，入职后在一年内离开企业的员工，离职的主要原因是员工认为企业未能与其建立心理契约；在两年内离职的员工中，超过 60%的离职员工所选的离职原因是其认为企业违背了他们之间最初建立的心理契约。

（五）反馈

没有反馈，再完善的沟通最终也是无效的，问题仍旧存在。反馈可以使沟通双方获得清晰一致的认识，保证在员工问题解决方案的实施上不会出现偏差，最终形成高质量的员工关系。员工、管理者、部门、企业四者间的反馈缺一不可，任何一环的缺失对员工关系管理都会产生负面效应，久而久之，不信任、抗拒等不良情绪就会在企业内部蔓延，长此以往，企业管理势必流于形式。

第三节　沟通与激励的关系

从企业管理实践考察的结果看，沟通已经不再仅仅是简单的管理手段，管理者与员工的沟通往往富含激励意义，甚至成为管理者激励员工的有效方法。在目标管理过程中，激励与沟通是不可或缺、相辅相成的重要内容。如前文所述，企业管理者对员工的激励可以有多种方式，可能是物质的，也可能是精神的；可能是正向的，也可能是负向的。但无论其形式如何变化，都需要传递信息的过程——沟通。这也就是说，激励一旦聚焦到传递信息的过程，其本质上就是沟通。

例如，管理者根据员工绩效表现给员工发放奖金，多发一部分或少发一部分都暗含着对工作表现的肯定或否定，伴随这种信息传递的过程，沟通就产生了。管理者和员工面对面的沟通，无论是奖勤罚懒的绩效面谈，还是晋升调整的任职谈话，都是将沟通和激励结合在一起的。由此可见，沟通和激励在管理实践中的"交互"已成为一种常态。排除沟通和激励在内容上的强关联性，管理者与员工进行沟通已成为管理者激励员工的有效方法。

一、沟通对激励的积极作用

（一）沟通能够有效拉近人际距离

人际距离是一个社会学概念，一般指人际交往双方之间的距离。在人类学家霍尔（E. T. Hall）眼中，因为职级的差异，上层管理者与下属员工之间的人际距离是典型的社会距离。社会距离是相比亲密距离（家人、恋人关系）、个人距离（朋友关系）更为疏远，相比公众距离（陌生人之间的关系）更为接近的一种距离，和医患关系、销售员与顾客关系的距离相当。因此，职级的差异就意味着距离的天然存在。沟通是缩小距离的有效方式。借助沟通，管理者和员工能彼此建立情感联系，进而拉近人际距离；借助沟通，管理者可以引导员工不断靠近其管理思路，包括沟通发展愿景、契合组织目标、树立发展导向等；借助沟通，员工还能获得管理者的支持、信任、关怀，从而激发其内生动力。

沟通能够在较短时间内有效缩短管理者和员工之间的社会距离。倘若彼此沟通交流的内容言及工作之外，交换私人信息，则可将社会距离进而缩短为个人距离。这在管理层级森严、职能分工明确的科层制管理体系里表现得更加明显。因为在金字塔形的科层制管理体系中，上下级之间的人际距离会因职级差异而扩大，所以工作内外的沟通对人际距离的影响被显著放大。当然，人际距离的接近程度除了受沟通频次的影响，还取决于沟通的效度。沟通的效度指沟通的有效程度，换言之，就是沟通目的是否实现，信息交换是否充分。沟通效度越高，缩小人际距离的效果就会越好。

（二）沟通有利于信任关系的建立

人与人之间的信任关系，最通常的表现就是彼此经常进行沟通交流，比如夫妻之间、家庭之间、宗族之间、同事之间等的沟通交流。频繁的沟通往往意味着有机会建立更深层次的信任关系。在企业管理活动中，管理者与员工的沟通，除传达必要的工作信息之外，其沟通内容的深刻程度能够体现出信任感的多寡。简而言之，当管理者和员工之间进行沟通交流时，可能一个话题会引发几个小时的深度交流；也可能聊到某件事情时，有几句关键的话能聊到对方的心坎上。

如果沟通传达的信息十分深刻，将会形成沟通双方相互认同的正向反馈。但要注意，如果管理者突然需要与一位无法获得接触管理者机会的员工进行沟通时，由于陌生感和职位差异，这样的沟通容易给员工造成心理压力。所以，管理者需要与员工建立信任感，明确地传达沟通目的，以避免引发员工猜测，使员工产生紧张等不良心理，徒增其心理负担，进而影响信任关系的建立。

(三)沟通是激励效用的载体

美国心理学家弗鲁姆（V. H. Vroom）曾在20世纪60年代提出著名的期望理论。时至今日，期望理论对管理过程依然具有重要作用。弗鲁姆认为，激励的效用取决于期望值和效价的乘积。期望值是达成目标的可能性大小，即实现任务的可能程度；效价就是一旦达成目标将会得到的价值，包括薪酬回报、职位晋升等，两者共同促成激励的实现。管理者的任务就是将两种变量与现实需要和管理目标相结合，从而使激励效用最大化。因此，管理者与员工沟通的重要意义就在于管理者帮助员工评估期望值，并指出效价。

有的管理者习惯模糊处理期望值、效价，以避免员工把任务看得过重、期望太高，防止员工个人愿望落空时产生巨大的失落感。有的管理者则把这些内容阐释得很充分，以督促员工树立长期发展愿景，坚定信心。尽管管理者对期望值的评估和对效价的阐释受到其沟通方式和领导艺术的影响，且沟通方式也是多元的，可能是会议上的一对多沟通，也可能是面对面的一对一沟通，但因为沟通承载了评估期望值和效价的内容，其作为激励效用载体的作用是毋庸置疑的。

另外，根据斯金纳（B. F. Skinner）的激励强化理论，管理者可以通过刻意设定的沟通内容，反复强调员工激励强化物，即对员工工作动机产生有效刺激的内容，可能是一定数额的报酬、高规格的赞誉等，使员工增强信念、规范行为、提高业绩。由以上分析可知，沟通是激励效用的重要载体。

二、沟通对激励的制约

既然在管理过程中，沟通能够对激励发挥作用，那是不是意味着一切沟通都能达到激励的目的呢？显然并不是的。如果管理者运用不恰当的沟通方法，忽视实质性的沟通内容，或者企业缺少良性的沟通机制，那么就难以对员工产生强大的激励效应。

（一）沟通方法对激励的制约

管理者与员工存在职位上的差异，在沟通中表现为沟通双方的地位不平等。对管理者而言，要做的不是刻意消除这种差异，而是要学会利用这种差异来达到激励员工的目的。所以掌握恰当、高效的沟通方式会起到事半功倍的效果。以管理者与员工面谈为例，管理者应当就具体的谈话事项提前厘清谈话思路，尽可能通过精准的表达，传达明确的任务目标、进度要求等。

管理者可以在沟通过程中，结合沟通事项主动引导员工表达自身的看法和意见，给予员工必要的自由表达机会，进而获得明确的反馈。面对员工的疑虑，管理者在谈话中应尽可能适时回复，让员工感到被信任和被肯定，促使其自我肯定、自我认同。从目标管理的角度看，无论管理者采取怎样的沟通方法，都应以与员工建立一致性目标为目的，从而实现目标驱动，让沟通为激励赋能。

（二）沟通内容对激励的制约

在工作中，管理者和员工沟通的内容一般是工作事务，可能涉及工作任务的部署、工作进度的把控、工作表现的评价等各类与工作有关的信息。在非正式的工作场景下，沟通也可能涉及生活、家庭、观念等方面的内容。出于激励员工的目的，管理者应尽可能选择能与员工达成一致而非易制造分歧的内容，以减少对人际距离的影响，力求与员工建立深厚的信任关系，传递具有价值的信息。这要求管理者做到以下几点：

一是在表达观点时，管理者应注意尽量保持中立。因为中立的观点可以防止员工的权力追随，在收集反馈意见时才能听到员工最真实的反馈，进而加深与员工之间的信任关系。否则，管理者的信息偏见只会使员工产生误判、混淆，甚至内心矛盾。如果员工个人存在不同的有价值的意见，在表达时会畏首畏尾，甚至隐藏真实观点。

二是在提出要求时，管理者应对员工的承受能力进行充分估量。为实现管理目标，管理者在沟通中对员工提出具体的工作要求时，应事先了解员工的责任意识和工作能力，确认其能够胜任此项工作。否则，员工一旦产生退让、怯懦或无法负担的心理，将会对人际关系造成负面影响。

三是在分享信息时，管理者应有意识地筛选关键信息和沟通对象。因为沟通内容有缓急之分，有核心与非核心之分。一般来说，沟通的内容越重要、越紧急，通常就意味着管理者对员工越信任、越肯定。所以，如果管理者与员工沟通这类关键信息，就意味着员工获得了管理者的信任。

四是在观念产生分歧时，管理者应防止激活负反馈机制。如果管理者在沟通过程中发现员工的观点与自身有分歧，最好就事论事，聊工作就是聊工作，避免谈论其他事务，给员工造成不必要的心理负担。因为沟通中的分歧势必让员工自发寻求化解的出路。如果做不到"君子和而不同"，就会导致信任危机。危机一旦产生，只会引发员工的抱怨、失落等负反馈。因此，只有围绕工作进行不偏不倚的沟通，才能避免陷入误区。

综上所述，管理者需掌握丰富的沟通经验和实践方法，方能驾驭沟通内容，进而释放激励效能。

（三）沟通机制对激励的制约

沟通机制是沟通内容的重要依托。从方式方法上看，沟通机制一般包括单刀直入式的直接沟通和寻求中间对象传递信息的间接沟通，还包括平铺直叙式的坦白沟通和自上而下、由外而内、由浅入深式的渐进沟通。

具体到工作中，沟通机制一般可分为实时沟通、定时沟通、专门沟通等。对于需要实时反馈和保持信息同步的事项，一般采用实时沟通的方式；对于需要跟踪进度、定期反馈工作成效的事项，一般采用定时沟通的方式；对于需要特殊说明、内容重要的事项，一般采用专门沟通的方式。此外，还有调研、访谈等其他沟通机制。管理者可以结合自身管理风格和工作需要，选择相应的沟通机制，达到促进交流、分享信息、形成合力、提高效率的目的。

科学的沟通机制对激励具有促进意义，因为设计科学的沟通机制是为了形成同向的合力，比如在进行专门沟通时，管理者可以就绩效表现、职业发展等事项与员工进行交流，向员工输入期望值与效价信息，从而对员工产生相应的激励效应。自然地，若员工发现自己进入专门的绩效沟通环节，就会形成与个人发展有关的期待，从而达到内生激励的效果。

此外，沟通机制会在潜移默化中影响管理者与员工的信任关系。一般来说，越完善的沟通机制，越能加深管理者与员工之间的了解，进而在了解的基础上形成信任关系。但是，如果员工工作不努力、对工作内容的理解不深刻，那么频繁的沟通反而会加深管理者和员工之间的矛盾，激励反而成为空谈。

激励并不简单等同于沟通，但沟通本身是很好的激励。通过对沟通和激励关系的分析，不难发现，如果沟通方法运用得当，就会产生强大的激励效应。管理者一旦掌握丰富的沟通方法、选择恰当的沟通内容、建立有效的沟通机制，就可以为激励员工创造充分的条件，为企业发展蓄积动力。

第四节　企业管理中有效沟通现状及对策

现代企业要想提高管理效率，保证决策的科学性与正确性，就需要有效沟通。有效沟通是单位保持正常、高效运转的"润滑剂"。有效的沟通不仅能营造积极向上的工作氛围，还能缓和同事之间的矛盾与冲突，增强整个团队的向心力，以此激发团队成员创造更佳的业绩。通过有效的沟通，员工的工作积极性增强，团队的向心力与凝聚力也得到了极大提升，部门之间的协作效率更高，这对于企业和员工个人来说都是一件有价值、有意义的事。

一、企业管理中有效沟通现状

有效沟通是现代企业管理的重要组成部分，也是实现企业管理目标的必经之路。凭借有效的沟通，企业内部的信息能得到及时传播与交流。在沟通过程中，不同部门之间、不同员工之间的意见得到交换，最终反映到企业的战略发展决策上，形成民主性的发展意见，对企业的决策制定与战略目标的实现都有着极大的影响。

（一）管理者对有效沟通的认识不全面

如果企业管理者对有效沟通的认识不全面，就会导致企业沟通效率受到影响。管理者对有效沟通的认识不全面主要表现在以下几个方面：一是管理者角色认知上出现偏差。管理者在与下属的沟通过程中错把自己当成"家长"，表现为以自我为中心，主观、武断，不尊重、理解、关心下级，在沟通中不考虑对方感受，搞"一言堂"。二是管理者对沟通的重视程度不够，准备不充分。表现为沟通的目标不明确、沟通的问题不清晰、沟通的对象不具体、沟通的渠道不通畅、沟通的宣传不到位，导致沟通效果大打折扣。三是管理者忽视不同意见。有些管理者好大喜功，听不得反对意见，不愿接受反面信息。某些下级会投其所好，报喜不报忧，从而影响沟通结果。四是企业管理者在有效沟通方面缺乏一定的沟通技巧，不能及时传达有效信息，导致沟通障碍的产生。

（二）沟通渠道单一，沟通方式落后

目前，不少企业的员工沟通渠道依然仅限于开会、团建等形式，且沟通方式陈旧落后也是企业员工沟通中常见的问题。主要体现在：一是部分企业一度沿用开会这种老旧的沟通形式，不利于沟通效率的提升。二是部分企业过分看重等级制度，上下级的沟通过于正式，如发布指令等，使原本的双向沟通变成了单向沟通。沟通渠道单一导致员工不能及时反馈意见。三是企业部门之间的横向沟通较少，极大影响了部门之间的配合效率，进一步导致相互推诿、不负责任等现象的产生，影响了管理效率。四是沟通方式陈旧。表现为传统方式多而现代化沟通方式少，影响了沟通效率和沟通效果。

（三）单位组织结构设置不合理

单位组织结构设置不合理，如机构重叠、层级过多等，都会影响沟通效果。主要体现在：一是组织机构重叠、层级过多而导致"政出多门"，致使信息在传递过程中失真，或因为传递时间太长而难以确保质量，这对于企业管理目标的实现也是一种无形的阻碍。二是层级越多，就会使基层员工与高层管理者之间的距离越远，双方沟通时极易产生误解。例如，当组织内的信息需要从上至下传递时，信息传达人没有及时传达信息中的深层含义，仅从上级领导的角度出发，将信息传递给下面的人员，这样就会导致信息的失真，使沟通效率大打折扣。

二、企业管理中实现有效沟通的对策

（一）加深对沟通重要性的认识，转变沟通理念

管理者要想提升企业管理水平，必须加深对沟通重要性的认识，树立平等交流、相互尊重、相互信任的沟通理念。平等交流是有效沟通的基础，也是企业管理活动能顺利进行的前提。管理者在企业管理活动中占主导地位，往往也是信息的发布者。因此，企业要建立对管理者的培训机制，通过培训提高管理者的沟通意识，使其转变沟通理念，掌握沟通技巧，改变"家长制""一言堂"的行为习惯，与下属建立起平等、互信的关系。上级领导应坚持以尊重、信任

的态度与下属员工进行沟通,从单向沟通转变为双向沟通,以此实现企业上下级的平等、有效沟通。

在沟通之前,企业管理者应充分理解信息的含义,为有效沟通做好充分准备,并制订详细的沟通方案。给员工提供一个良好的沟通环境,调动员工的积极性,使其积极参与企业管理,这样才能从根本上提高沟通效率。企业在日常的团队建设中,应注重对沟通方式的有效利用,打造积极沟通、和谐交流的环境,以此改善企业整体工作氛围,让员工充分表达自己的想法与意见,激发员工的工作热情和动力。

(二)拓宽沟通渠道,推动方式创新

要实现有效沟通,企业必须拓宽沟通渠道。同时,沟通要制度化、规范化。企业应建立定期沟通制度,包括纵向沟通和横向沟通相结合的制度以及信息反馈制度。通过正式渠道和适合的方式及时传递和发布正确信息,避免因渠道不通畅或沟通方式的不同而产生信息误差。同时,管理者也可以通过正式渠道及时获得信息反馈。企业应对正式沟通与非正式沟通这两种方式同等重视,不断完善沟通体系,通过多种渠道建立领导和基层员工之间多层次、多渠道的交流对话机制。

在沟通方式上企业可以进一步创新。传统的沟通方式如会议沟通、电话沟通、面谈等被广泛采用。除此之外,企业可以借助视频、电子邮件、网络办公系统等来实现有效沟通,在企业内部建立起高效的信息沟通网络,确保企业各项决策、方针、制度都能顺利地传递给每一个员工,同时也能让员工及时反馈在决策执行过程中出现的问题,倾听员工的建议,通过多样化的沟通方式来获得更好的沟通效果。

例如,沟通能否有效,"说"是重头戏。沟通者必须将某种不良行为、事件的负面影响说清楚、讲明白,触及沟通对象的心灵,这样的沟通才算是成功了一半。在沟通中必须考虑"说"的时机和内容是否与沟通氛围相适应,与沟通对象是否相匹配。"说"的时机不对,"说"的内容不恰当,超出沟通对象可承受的范围等,都会造成沟通失败。"说"也要充分考虑到沟通对象的心理感受,通过恰当的"说"引导沟通对象积极进行自我探索,使其自己发现或找到问题的症结,从而解决问题。

(三)进行沟通设计

沟通的一般程序是:资料的收集、资料的分析、沟通方案的制订、沟通方案的执行、形成问题解决实施方案或具体的处理意见、沟通实施评估与反馈、问题解决实施方案或具体的处理意见实施反馈。"凡事预则立,不预则废",提升沟通的有效性必须从沟通设计开始。有效的沟通设计必须遵循"五定"原则,即定时、定点、定人、定则和定量。

定时,即沟通必须在规定的时间内进行,没有时间约束的沟通多数会流于形式,往往会成为"恳谈会"。定点,即沟通应选择在一个相对封闭、放松的环境中进行,以减少沟通双方在地位、话语权等方面的不平等所带来的潜意识的对抗。定人,即沟通参与者应以主持人、决策人、参与人和记录人四类人员组成,在沟通计划(方案)的实施中必须明确谁是沟通者。定则,即在沟通开始时应由主持人宣布沟通规则(即以事实行为为依据的原则),沟通参与者在沟通中应遵循不否定、不打击的原则,让参与人围绕沟通问题各抒己见,寻求认同。定量,即明确沟通时限和本次沟通的内容,聚焦一个问题进行沟通。

沟通过程应实施沟通前、沟通中及沟通后三段式管理。沟通前,应将本次沟通的时间、地点、参与人、内容等通知沟通参与人,利于参加沟通的各方做好充分准备。沟通中,主持人应宣布沟通规则、时限及内容,注意把握沟通节奏,适时引导、纠正沟通方向。沟通后,对沟通中形成的解决方案应以纪要形式发送给沟通参与人并实施执行跟踪,及时反馈问题处理的情况以提升沟通的有效性。

（四）重视各种类型的沟通，提高沟通效果

在企业沟通中，上行沟通、下行沟通和平行沟通是最常见的沟通类型。企业往往重视下行沟通，而忽视上行沟通，造成企业管理者不能及时了解员工思想动态、意见和建议等，久而久之员工可能出现消极怠工的现象。对此，企业应通过多种沟通渠道和沟通形式收集员工的真实想法和意见并给予高度关注，及时解决员工普遍关心的问题，保证决策的正确性。

下行沟通不仅仅是管理者向下属发布命令和指示，这种沟通的结果往往不容易被员工理解。要想提高下行沟通的效果，企业管理者应该坚持主动沟通的态度，在沟通过程中认真听取下属的意见，创造一个宽松和谐的沟通环境，调动员工参与企业管理的积极性，使每一个员工都能正确理解企业传递的各种信息，充分发挥员工的主动性和创造性，促使其积极主动地完成本职工作。

部门之间的横向沟通也极为关键。企业的横向沟通可以增进部门之间的相互了解，减少推诿、扯皮现象，有效解决责任不清、效率低下问题。因此，企业应建立横向沟通制度，使部门之间、员工之间加强了解、相互配合、相互协作，形成合力，提高工作效率，保证企业目标的实现。

（五）管理者学会倾听，丰富沟通技巧

员工关系紧张、问题频发，与企业各级管理者的工作作风、业务水平、专业技能、知识理念及格局有着千丝万缕的关系。企业管理层应与时俱进，树立终身学习的理念，树立专业化、职业化的人才观。通过人力资源开发，提升各级管理者履职能力和水平，使其掌握丰富、有效的沟通技能。

倾听是沟通的重要前提条件。企业的管理者在沟通过程中，要学会换位思考，把自己置于员工的位置，站在员工的角度思考问题，这样才能设身处地地为他们着想。管理者在沟通中要专心致志，认真倾听，不要打断对方讲话，要使对方觉得自己受到重视和尊重，只有这样沟通对象才愿意真心交谈。管理者要学会洞察沟通对象言语中的隐藏之意，注重倾听沟通者的想法，关注其语言

背后倾注的情感，这样才能提高沟通效果。

沟通者应以自信的态度，尊重他人的行为，在沟通过程中应注意自身肢体语言所表达的含义。沟通者应根据沟通的内容、进程等因素，在沟通中与沟通对象保持适当的目光接触。需要注意的是，过度的目光接触会让沟通对象感到有压力或产生不快。

面部表情可表现肯定与否定、接纳与拒绝、积极与消极等情感。沟通者可以通过面部表情的变化表达情感，表达对沟通对象的鼓励与肯定，表明自己的判断等。在沟通中，沟通者应注意各种肢体语言所表达的态度和情感，避免使用表达否定、拒绝、无可奈何、不感兴趣、紧张、不以为然、激动、暴怒等情绪或情感的肢体语言，减少使用表达疑惑、自我满足等情绪或情感的肢体语言，多用表达欢迎、专注、舒展、果断等情绪或情感的肢体语言。

（六）科学地设置组织结构，提高沟通效率

科学、合理地设置组织结构，是提高沟通效率的重要保证。企业管理者应在考虑企业规模的前提下，尽可能构建扁平化的组织结构，去除一些冗杂的组织部门，降低沟通成本。这样可以有效地避免因层级过多而导致信息在传递过程失真和沟通效率低下的问题。科学地设置组织机构，有助于提升管理者与基层员工的沟通效率，对于提升企业管理效率也具有重要作用。

（七）推进心理咨询技术在沟通中的应用

心理咨询技术为管理者提供了完整、科学的沟通理论基础和行之有效的技术方法。管理者运用心理咨询技术（如询问和倾听等技术），可以全面提高企业内部的沟通效率。

1.沟通中询问应重点关注的方面

（1）开放式问题的使用

开放式问题是指以"能不能""为什么"等为开头词，或包含"什么""怎

么"等词语在内的问题。通过开放式问题，沟通者可以让沟通对象对问题、事件、行为、想法等进行充分、详尽的表述，从而对沟通问题或事件等有一个比较全面的了解。沟通者在使用开放式问题时要注意，不同的发问词有不同的作用，应根据沟通目的和沟通需要区别使用，如"能不能告诉我，你是怎么看待这件事的？"这个问题有助于沟通对象给出较个性化的回答，而"那以后又发生了什么？"则可以让沟通者发现与待解决问题或事件有关的特定事实。

此外，在沟通过程中，沟通者还应特别注意开放式问题的使用时机和发问语气。沟通者在使用开放式问题时，要以平缓、温和的语气为主，避免使用连珠炮式、辩论式、进攻式等强硬的、咄咄逼人的语气发问，因为沟通对象只有在舒缓、愉悦、身心放松的环境中才能充分展现真实的自我，沟通双方才能进行有效的问题聚焦。沟通者与沟通对象的关系决定了是否需要进行发问铺垫，在沟通中要注意维持良好的沟通关系，只有这样才可以使沟通对象充分放松并积极、正面地回答问题。

（2）封闭式问题的使用

封闭式问题是指可以用"是""不是""对""不对""能""不能"等词语进行回答的问题。封闭式问题在沟通中具有澄清事实、具象化等作用，沟通者可以通过封闭式问题进行成因聚焦，用剥洋葱的方式挖掘问题产生的真实动因。除此之外，封闭式问题还可以及时将偏离方向的沟通引回正题。在使用封闭式问题时，沟通者应特别注意使用频率，因为封闭式问题多是判断作答，过多使用会严重干扰沟通对象对事实、问题、思想、行为等的充分表达，所以要根据封闭式问题的作用和沟通需要合理使用。

（3）说明句的使用

说明句是指将沟通对象在沟通过程中表述的主要内容及其思想实质进行复述的语句。说明句的主要作用在于：通过对沟通对象表述内容的整理、提炼，有助于沟通者验证其对沟通问题的理解程度；确认沟通者认为的关键信息，使重要信息得到关注；通过说明句迫使沟通对象内省其在沟通过程中的表述是否充分，给予沟通对象修正或对其表述内容作进一步解释的机会；帮助沟通对象进行自我审视和自我认知，重新进行自我探索；有助于提高沟通效率，增加沟通者将沟通推向更深层次的可能性。沟通者在使用说明句时，对于某些敏感性词汇和重要的词语必须用沟通对象使用过的，避免沟通内容偏离主题。

（4）鼓励、反应和总结的使用

鼓励是指通过使用鼓励性词语，鼓励沟通对象进一步讲下去，或对沟通对象所讲的某些内容进行强调。鼓励可以使沟通者走进沟通对象的精神世界。鼓励需要使用重复句，以让沟通对象感受到被关注、被倾听、被理解，并有动力讲下去，是一种较好的提升沟通效力的反应方式。在沟通中，沟通者对关键词的重复，可引导沟通进一步走向深入，有助于进一步探索和明确问题的成因。有研究表明，沟通深度与鼓励程度呈正相关关系。

反应是指沟通者对沟通对象流露出的情感的反应。在沟通中，准确的情感反应可以给沟通对象带来被关注、被理解的主观感受，使沟通者从更高的层面上与沟通对象产生共鸣。

总结是指沟通者对沟通对象所陈述的事实、信息以及表现出的情感、行为反应等进行综合分析后，以概括的形式将其表述出来，并根据实际沟通情况提出进行完善、修正后的问题解决方案。

2.沟通中倾听应重点关注的方面

有效的沟通不是轮流说话，而是需要通过全神贯注地倾听，实现沟通双方间的相互了解。倾听是增强沟通有效性的第一步。所谓"倾听"，不单单是听听而已。倾听，是非常专注的听，是倾注了自己感情和智慧的听。沟通者需要保持冷静的态度，用心欣赏、肯定沟通对象，让沟通对象感到自己被重视，满足沟通对象自我表达及与他人沟通联系的需要。

（1）关注

关注是倾听的基础，关注能让沟通对象感受到被尊重，使沟通对象有表达的欲望，让沟通成为可能。沟通者要想成为好的倾听者，必须懂得适时搁置自己的需求，让沟通对象充分地将想法或情绪表达出来；要将全部精力放在倾听上，表现出对沟通内容的兴趣与关注；在关注中要有同理心，即对沟通对象要采取一种欣赏的态度，不加入作为倾听者的批判，控制个人情绪化反应。关注的表现方式有温和的目光、亲切的面部表情和开放式的肢体动作等。

（2）获取与理解

倾听强调准确获取、正确理解沟通对象所表述的内容，迅速抓住沟通问题的症结所在。在倾听中通过不断聚焦、反复确认，协助沟通对象找到问题的关键点，让沟通对象自己找到行之有效的解决方法并付诸实施。在沟通中，沟通者如果不去了解沟通对象的想法，冲突或问题只会更严重。在沟通过程中，沟通者必须摒弃先入为主的预设，才能"听"明白沟通对象所说的话，避免以自己主观认识揣测沟通对象的意思；要特别注意克制自己插话的欲望，并适时给予建议或分享个人经验。

（3）回应

回应是让沟通对象直接感受到被关注和被倾听，通过重复、总结、鼓励等方式确认倾听的信度和效度，为问题的解决提供可靠的事实依据。适时与恰当的回应能鼓励沟通对象分享其个人经验，让沟通对象感受到被关注，使沟通过程更融洽，避免让沟通对象产生防卫性的情绪化反应。

第四章 员工关系管理

第一节 员工关系管理概述

一、员工关系管理的定义及重要性

（一）员工关系管理的定义

从广义上讲，员工关系管理是在企业人力资源管理体系中，各级管理人员和人力资源职能管理人员，通过拟订各项人力资源政策和实施管理行为，以及采用其他的管理沟通手段调节企业与员工、员工与员工之间的相互关系，从而实现组织目标的过程。从狭义上讲，员工关系管理就是企业和员工的沟通管理，这种沟通更多采用柔性的、激励性的、非强制的手段，从而提升员工满意度，使员工支持企业其他管理目标的实现。员工关系管理的主要职责是：协调员工与企业、员工与员工之间的关系，引导企业营造积极向上的工作环境。

员工关系从广义上讲是指企业运行发展过程中集体或个人之间的相互关系，主要包括企业与集体的关系、企业与个人的关系、集体与个人的关系等。狭义的员工关系是指员工与企业、员工与员工之间的相互联系和影响。

员工关系从文字概念到现实状态上看都是非常复杂的，但是其实质可以简单归为冲突和合作两个根本方面。员工是企业的重要组成部分，与企业有着共同的出发点。但是由于现实原因，双方的利益、目标不可能始终保持一致，由此可能出现分歧，甚至产生冲突。

当前的企业员工关系管理主要指的是在企业发展过程中，企业和员工之间的沟通管理。员工关系管理是指以促进企业经营活动的正常展开为前提，以缓和、调整企业内部员工冲突为基础，以实现企业管理者与员工的合作为目的的一系列组织性和综合性的管理措施和手段的总和。

（二）员工关系管理的重要性

1.员工关系协调是实现企业目标的前提

员工关系在公共关系中占有极其重要的地位。员工是企业的主体，企业内部一切公关工作都是从员工关系管理开始的。企业目标的实现，绝非某一个人的事情，要靠全体成员齐心协力、共同奋斗。实践表明，一个企业的员工团结一致，互相配合，其工作成果就较大，各项任务就完成得比较好；反之，员工关系处理不好，内部就会矛盾重重，步调不一致，就不能很好地完成各项工作，企业目标也就难以实现。

在企业中，员工是真正的中心，是企业发展的内在动力。在现代社会，员工日益成为具有主导作用的独立群体。作为一个独立群体，员工的利益与企业的利益虽然具有天然的一致性，但也存在着不同之处。一方面，员工是企业主体力量，对企业的生存和发展具有决定性的作用，企业不得不使其利益与员工的利益保持一致，以形成企业发展的内在动力；另一方面，员工日益分化为独立的利益群体，其利益与企业利益存在着矛盾的一面，员工成为直接制约企业发展的一种力量，主导并规定着企业的行为选择。企业之所以要协调好其与员工之间的关系，不仅仅由于内在利益一致性的驱使，更为重要的是双方有着不同的利益倾向，需要在员工公共利益的基础上予以协调。

2.员工关系协调是塑造企业形象的基础

在很多情况下，外界公众是通过接触企业内部的员工来了解企业的，员工的言行举止，乃至气质、风度，都会直接或间接地影响企业形象。另外，企业的员工最了解本企业产品质量和服务方式，他们不一定是推销员、服务员，但他们可以通过家人、朋友将本企业的产品、服务等相关信息传递给外部公众，这样会提升宣传的可信度，使其更容易被外界所接受。同时，企业的员工又是产品的消费者和服务方式的选择者，如果他们能率先购买本企业的产品，选择本企业的服务，对企业也是一种宣传，也能激发公众的消费意愿。

例如，在美国，长期从事企业考察工作的专家发现，顾客对IBM公司的忠诚是IBM工人良好服务态度的结果。美国的迪士尼公司也非常重视协调员工关系，在"使员工有高度的满足感"的宗旨下，该公司尊重每一位员工的需求和利益。这样做的目的是使员工热爱公司、热爱工作，从而善待顾客。IBM公司与迪士尼公司之所以声誉卓著，其原因就在于它们在员工关系的协调上有独到的处理方式。

3.员工关系协调是企业成功的根本条件

员工关系管理在企业发展过程中有着举足轻重的地位，员工关系协调是企业获得成功的根本条件。员工关系协调，必然在企业发展中产生巨大的内聚力。与其他员工的关系融洽，员工就会心情舒畅、团结一致，齐心协力地发挥巨大的潜能，为企业创造更多的业绩和财富。

员工是企业赖以生存和发展的细胞，与企业的目标和利益最为密切。企业的一切目标、利益、计划、政策、措施和活动都要通过员工的行为加以推进。所以，员工是企业最宝贵的财富，离开员工企业就失去了存在的基础。显而易见，企业与员工之间是唇齿相依、血肉相连的关系。企业要将员工关系管理视为根本，将员工关系协调作为企业最重要的事情来对待。只有员工关系协调，才能发挥出员工作为企业细胞的内在动力。

二、员工关系管理的目标和内容

（一）员工关系管理的目标

1.协调和改善企业内部人际关系

企业的总目标能否实现，关键在于企业目标与个人目标是否一致，企业内部各类员工的人际关系是否融洽。员工关系管理就是要打通企业内部信息交流渠道，消除误会和隔阂，联络感情，在企业内部形成相互交流、相互配合、相互支持、相互协作的人际关系，而这种人际关系一旦形成，就能为企业营造一种良好的工作氛围，成为提高员工工作效率、推动企业发展的强大动力。

2.实现员工的团体价值

企业的价值观念是企业内部绝大多数人认同并持有的共同信念和判断是非的标准，是调整企业员工行为和维持人际关系的持久动力，是企业精神的表现。员工的团体价值是决定企业兴衰成败的根本，对于塑造企业形象、推动企业生存发展具有重要作用。企业的价值观念是经过长期的培养逐步形成的。因此，企业应通过员工关系管理，逐步精心培育全体员工认同的价值观念，从而影响企业的经营决策、领导风格，以及全体员工的工作态度和作风，引导全体员工把个人的目标与企业的目标保持一致，实现团体价值。

3.增强企业员工的凝聚力

通过员工关系管理，每一个员工都能从内心形成归属感，处处为企业的荣誉和利益着想，把自己的命运和企业的兴衰联系在一起，为自己是该企业的一员而自豪。这样，企业内部员工"心往一处想，劲往一处使"，可以使企业成为一个积极和谐、配合默契、具有强大凝聚力的集体，这是企业内部员工关系管理的又一重要目标。

（二）员工关系管理的主要内容

从广义上看，员工关系管理的内容涉及整个企业文化氛围的营造和人力资源管理体系的构建，包括企业价值观的确立，内部沟通渠道的建设和应用，组织的设计和调整，人力资源政策的制定和实施等。所有涉及企业与员工、员工与员工之间的联系和影响的内容，都是员工关系管理的内容。

从管理职责来看，员工关系管理主要包括以下几个方面的内容：

1.劳动关系管理

劳动关系管理的内容包括劳动争议处理，员工上岗、离岗面谈及手续办理，及时处理员工申诉、人事纠纷等事件，离职面谈和手续办理。

2.员工纪律管理

引导员工遵守企业的各项规章制度、劳动纪律，提升员工的组织纪律性，对员工行为进行约束。

3.服务与支持

为员工提供有关国家法律法规、企业政策、个人身心等方面的咨询服务，协助员工平衡好工作与生活。

4.员工绩效管理

制定科学的考评标准，建立严格的激励和奖惩管理体系，执行合理的考评程序，使考评工作既能真实反映员工的工作情况，又能发挥员工的工作积极性。

5.企业文化建设

建设和推广积极有效、健康向上的企业文化，引导员工树立正确的世界观、人生观、价值观，维护企业的良好形象。

6.员工成长沟通管理

员工成长沟通管理分为入职前沟通、岗前培训沟通、试用期间沟通、转正沟通、工作异动沟通、定期考核沟通、离职面谈、离职后沟通等八个方面，这八个方面构成了一个完整的员工成长沟通管理体系，能够提高员工关系管理水平，为企业的经营管理决策提供重要的参考信息。

三、影响员工关系管理的因素

（一）企业文化和企业环境

企业文化是员工关系管理的重要指导理念。企业如果缺乏企业文化或者长期保持一种墨守成规、故步自封的企业文化,那么员工的思维和职业发展规划必然会受到影响。同样,如果企业文化中要求员工必须服从领导、尊重权威,尽管员工会在工作范围内保持对企业和相关领导层的尊重,但是一旦与企业之间产生矛盾冲突,员工势必会对企业产生极大的敌视情绪,消极怠工思想和"跳槽"想法会更加强烈。企业文化和企业环境中对抗性元素越多,就越容易引发管理者和员工之间的对立和冲突。反之,如果企业营造一种比较自由和积极的文化环境,员工对企业文化高度认同,那么出现任何问题均不会动摇"军心",员工与管理者之间出现冲突的概率就会相应地降低。

(二)员工满意度和管理政策

管理政策是员工评价企业员工关系管理的重要指标之一。现代企业内部的管理政策对实践执行的约束力极大,尤其是在当前市场竞争如此激烈的情况下,很多企业制定的管理方针和政策必定立足于其自身的利益,当企业的利益与个人利益产生冲突时,管理政策的适应性就会相应降低,员工的满意度必然相应地降低。因此,员工关系管理要以员工的实际需要和企业利益的最大化为衡量标准,找到二者共存的契合点,这也是增强员工对企业的认同感和信任感的基础条件。

在制定管理政策的过程中,管理政策很容易受到企业管理者思想的左右,进而影响员工关系管理工作的开展。如果企业的管理者得不到员工的支持,员工将间接地对企业的发展产生怀疑,这些因素对企业团队的凝聚力、员工之间的合作、员工绩效、企业的创新发展等均有直接的影响。由此可见,员工关系管理的水平会直接影响企业的生存和发展,管理政策和员工满意度也同样会影响员工对企业的信任度。

(三)绩效和沟通管理

员工关系管理中最直接的问题是员工的工资、绩效等与其自身的付出是否成正比，如果不成正比，那么这一问题会成为企业人员流动量比较大的原因之一。在员工关系管理中，企业劳动关系出现矛盾主要表现为企业和员工之间在观点、利益和要求等方面不相容，进而引发激烈的冲突，企业内部的个人或者群体冲突均会影响企业的日常工作。

针对矛盾冲突，沟通管理能起到一定的缓解作用。在员工关系管理工作中，企业必须首先解决冲突的根源，以避免冲突带来的压力对企业员工造成负面影响。在员工关系管理过程中，很多矛盾的产生均是因为管理者和员工的期望值之间存在偏差。管理者对员工的期望值过高，就会给员工带来一定的压力，一旦处理不当，就会使员工产生负面情绪。

绩效考核标准在某种程度上也可以作为员工衡量企业是否公平对待自身的关键标准，在员工的心目中，付出就必须得到回报，而同样岗位的员工之间也会在潜意识里进行薪资对比。因此，在员工关系管理中，对员工心态的疏导和绩效考核需同步进行。尤其是在沟通管理工作中，坚持以人为本、关心员工、激励员工、尊重员工、助力员工发展，才能不断提升员工的工作积极性，发挥员工的创造力，从而提高员工的工作效率和企业效益。

综上所述，现代企业的员工关系管理工作对整个企业的发展有着不可以估量的作用，这也是当前我国所倡导的以人为本的思想在企业员工关系管理中的重要体现。树立人本思想，将员工放在首位，尊重知识、尊重人才，不断解放思想，为员工营造一个可以健康发展和全面发挥自身作用的环境，这才是中国企业在当前日益激烈的市场变革下，从根本上提高自身综合实力的重要途径。

第二节　员工关系管理的现状及改进策略

一、员工关系管理的现状

（一）整体概况

目前，员工关系管理已成为现代企业必须面对的一个课题，在竞争压力不断加大的时代背景下，企业的发展离不开员工的参与，企业获取竞争优势的关键在于对员工的管理。通过员工关系管理以获得最大的效益，是管理者的核心工作目标。企业员工关系管理的整体概况表现在以下几个方面：

1.处于初级阶段，形式化严重

在我国，员工关系管理虽然已经得到企业的重视，但仍处于初级阶段，需要不断完善。如何健康发展员工关系是每一个企业所关注的，在企业的实际员工关系管理中却存在着只注重形式的问题。许多企业认识到了员工关系管理的重要性，却不知道如何正确、积极管理员工关系，所实行的规章制度大部分都只是书面文字，没有落到实处。一些企业的企业文化建设粗糙化，仅仅是做表面文章，毫无实际意义，并不能从根本上反映企业的发展理念，不能正确地引导员工的发展方向。

2.缺少专门的管理岗位，制度建设不规范

由于企业管理者对员工关系管理的认识存在缺陷，部分企业并不重视员工关系管理的作用，没有设立独立的部门、岗位，仅仅是在人力资源管理部门提供了一个象征性的岗位，员工关系管理的实际作用并不突出，不能实行专业化的管理。同时，企业员工关系管理的机制建设也严重缺失，从员工招聘、岗前培训、岗上培训与管理、薪酬和晋升管理、激励沟通建设到员工离职管理，都没有形成比较系统的规范化的体制机制，使得员工关系管理混乱，工作效率低下，无法实现企业效益的最大化。

3.重文凭轻能力，专业人才短缺

时代在发展，人的思想观念也要与时俱进，但仍有一些根深蒂固的陈旧观念在影响着某些企业管理者的管理理念，比如有些管理者将文凭作为判断一个人能力高低的标准。管理者普遍认为提高员工素质的关键是提高员工的文化素质，认为学历决定一切，却忽视了员工工作能力的全面提高。同时，由于我国员工关系管理处于发展阶段，企业员工关系的管理者大部分并不是专业的人才，仅仅是人力资源领域的学习者，企业严重缺乏专业化人才，因此企业员工关系管理无法真正做到规范化。

4.非正式关系管理不善

企业的发展需要处理好内部关系和外部关系，而内部关系不仅仅是指员工之间、员工与企业之间的正式关系，还存在着非常重要的非正式关系。非正式关系指的是不受企业规章制度约束的内部关系。积极的非正式关系会促进企业的发展，促进员工之间的交际，使员工互相学习、互相带动。而消极的非正式关系则会极大地阻碍企业的发展。

目前，我国一些企业忽视了对非正式员工关系的管理，相关的规章制度严重不足。其中，非正式关系中的"帮派"现象最为严重，其规范管理的难度也比较大，企业中"帮派"一般以亲友为基础，在一个共同的生活圈，互相照应，有共同的价值观，不允许外人插手。因此，"帮派"现象处理不好就会成为企业发展的顽固阻力。"帮派"现象是目前很多企业普遍存在的较难处理的员工关系管理问题，主要是招聘、培训及日常管理不受重视导致的。

5.工会边缘化

在我国，企业在员工关系管理方面存在着监管缺失的根本性问题。而工会作为保障员工权益的重要组织机构并没有充分发挥作用，相反，其作用越来越小，地位趋向于边缘化，这使得员工的合法权益得不到保障。工会边缘化的原因主要有：员工缺乏向工会寻求帮助的意识、国家在工会建设方面不够重视、工会本身的建设比较懒散。另外，工会没有劳动执法权、工会在企业中地位低下等一系列的原因也使得工会越来越偏离员工的生活轨道，无法真正发挥作用，形同虚设，甚至造成浪费资源的现象。

（二）存在的问题

企业重视的是企业利润的最大化，员工则关心的是自身利益的最大化，因此两者之间不可避免地会出现利益关系矛盾，这是企业发展过程中的一般规律。所以，员工关系管理的目的就是协调企业与员工的矛盾冲突，尽可能地满足员工的利益要求，提升员工工作的满意度，进而实现企业利润的最大化。但就目前而言，我国企业员工关系管理还有待完善，其中还存在许多问题，主要表现在以下方面：

1.劳资关系问题不断

员工与企业之间的劳动关系随着时代的发展也在不断变化。随着《中华人民共和国劳动合同法》的颁布与实施，劳动者法律意识增强，员工与企业之间的劳动关系得到了完善，但也不可避免地存在许多问题，比如在劳动合同的签订、工资的发放、福利保险的保障、性别歧视的消除、工作环境的改善等方面争议不断，导致企业员工人心不稳，极大地降低了员工的工作效率。

目前，企业员工关系管理中的劳动争议复杂多样，而劳动争议大多是由企业不按法律法规和正常合同条款处理与员工之间的劳动关系引起的。企业应处理好与员工的劳动关系，做好员工关系管理的基础工作，为企业的发展打下坚实的基础。

2.激励沟通机制不健全

IBM公司创始人华特森（T.J.Watson）曾说过，企业成功与失败的真正差别经常在于是否能激发出员工的热情与聪明才智。这里其实说的就是企业能否成功运用激励沟通机制。目前，我国大多数企业激励沟通机制不健全，忽视员工的情绪管理,导致员工满意度降低。许多企业忽视激励机制的建设,忽略了少数人的努力,造成集体缺乏竞争意识,降低了企业发展的速度。

一些企业在管理过程中只关注员工的物质需求而忽略了员工的精神需求,没有及时照顾到员工情绪的变化,从而降低了员工的工作积极性,员工的满意度得不到提高,企业的发展目标也很难实现。而企业内部的沟通机制不健全,企业管理者并没有认识到沟通的重要性,员工与管理者之间的沟通明显缺少。

3.企业文化建设不完善

我国许多企业的企业文化建设大多停留在形式化建设的阶段,企业员工缺乏共同的目标和价值观,即企业文化建设不完善,导致员工缺乏归属感和凝聚力。每一个企业几乎都具有一套近乎完美的企业文化发展理念及价值观念,企业形象塑造得十分完美,但在实际运作中,部分企业的发展计划没有落到实处,仅仅是表面做得漂亮,没有通过企业文化建设来规范员工行为,引导员工树立正确的企业发展理念。企业的发展目标对于每一个员工都是极其重要的,是员工前进的照明灯,能帮助员工真正了解企业的发展历史,了解自己未来的发展方向。员工在企业文化的熏陶下能产生强烈的归属感和强大的工作动力,从而实现企业的最终目标。

4.员工满意度低

员工满意度,通俗来说也就是员工对于工作的满意程度。影响员工满意度的因素有很多,如薪酬、升迁渠道、奖励、福利保障、工作环境等。我国许多企业都十分重视客户满意度的建设,却忽略了员工的满意度,而员工满意又是客户满意的基础。造成这种状况的原因主要是企业管理者更关心能够带来直接利益的企业活动,对于提升员工满意度带来的潜在收益不够重视。

目前,我国劳动力市场竞争激烈,供大于求,使得企业对于人员流动带来的损失并不重视,而且员工本身由于工作难找也不会表达自己的不满,从而使得企业忽视员工对工作的满意度。实际上,我国大部分企业员工的满意度都比较低,工作的积极性也比较低,这不利于企业的健康发展。

5.人才流失严重

在这个人才竞争激烈的时代，谁抓住了人才谁就成功了一半。人才争夺战日趋激烈，所有的企业都绞尽脑汁，想吸引人才、留住人才，一些企业甚至采取了大量的奖励政策，可是仍不可避免地出现了人才大量流失、员工跳槽的现象，阻碍了企业的发展。造成人才流失的因素有很多，但企业自身的因素占主要部分。

例如，一些企业没有为员工营造舒适的工作氛围，对员工的关心不够，沟通激励措施不当，或者只关注员工的物质需求，却忽视了其精神需求。在现代社会，员工并不只是想通过工作养家糊口，更重要的是想通过工作实现人生价值。企业要想留住人才，必须真正站在员工的角度，想员工所想，尽量满足员工的物质与精神需求，切勿忽视员工关系管理工作。

二、员工关系管理的改进策略

（一）合理使用正式沟通与非正式沟通

正式沟通是通过固有的组织结构，按照规定的信息传递渠道进行的信息交流和传达，如公文的传递、通知的传达、例会和谈话等。非正式沟通是指以社会关系为基础，与明确的规章制度无关的沟通方式。非正式沟通具有信息获得及时、约束力小、信息反馈和互动交流充分的特点。非正式沟通能有效弥补正式沟通存在的方式刻板、沟通速度慢、缺乏相应的反馈和互动不足等缺点。同时，非正式沟通还具有证伪的作用。但是研究表明，企业如果不能对非正式沟通进行合理的引导，会对员工的积极性产生消极影响。

综上所述，在员工关系管理中，首先要加强正式沟通渠道的建设，充分利用通知、公告、通报、批复、会议纪要、条例、规定等高度正式、严谨、规范化的文件形式，使员工及时获得完整、准确、权威的信息。其次，要观察、分析并及时识别出非正式"领导者"，通过与其建立心理相容、相互信任的合作关系，借助其关键"联络者"的角色优势和工作成就优势，向员工呈现、解释、回应现实情境中有关职务晋升、工资福利、绩效管理、奖惩制度等具体问题，从而提高制度、政策的执行效力，有效提高沟通效率。最后，管理者应理性看待非正式沟通，借助非正式沟通，管理者可以获得无法从正式沟通渠道获取的信息，有效解决潜在问题，从而最大限度地提升企业凝聚力和员工管理水平。

（二）设立专门的管理岗位，提高从业人员的专业水平

企业在加强员工关系管理的过程中，必须成立专门的管理岗位。仅仅依靠人力资源管理部门的业余管理是行不通的，因为人力资源管理很容易与员工关系管理混淆，做不到专业化管理，也就无法调动员工的积极性。在设立专门的员工关系管理岗位时，可根据企业发展规模将其分为不同的级别，如总公司级、区域级、分公司级、部门级。

管理者作为员工关系管理的主要负责人，是实现企业管理目标的关键人物，他们的管理理念与管理方式与企业的发展息息相关，因此他们本身就应该具有较强的管理沟通能力。而企业应该加强对专业人员和在职人员的专业培训，加大投入，让他们加强对员工关系管理理论的学习，提高他们的员工关系管理水平，保证他们能够熟练运用激励、沟通、协调技巧，及时解决员工关系中出现的问题，营造出一种积极、和谐的工作氛围，从而更好、更快地实现企业的目标。

（三）管理者转变观念，重视心理契约的构建

我国很多企业管理者对于员工关系管理并没有进行过深刻的学习，缺乏系统的认识，对员工关系管理的认识存在偏差，理解过于片面。企业需要加强员工关系管理的学习与培训，从招聘、培训、工资福利、奖酬激励、沟通机制建设及离职员工管理等方面着手，要结合员工自身的实际情况来处理各种关系，

使员工关系和谐,从而提高员工工作效率,最终实现企业的发展目标。

企业应把心理契约的构建放在员工关系管理的核心位置。心理契约是指员工和企业之间相互理解、相互信任、互惠互利的平衡机制,是企业和员工之间的互相感知,是由员工需求、企业激励方式、员工自我定位及相应的工作行为四个方面构成的。心理契约虽然是隐形的,但却发挥着重要的作用。一些企业由于缺乏对心理契约的重视,不能充分了解每一个员工的期望,从而使员工满意度降低,不能最大限度地发挥员工的才能,导致员工工作效率降低。所以,企业应采取必要的激励和管理方式来满足员工的需求和期望,而作为回报,员工也会把自己的目标与企业的发展目标联系起来,明确自己的责任,奉献自己的力量,与企业共同成长。

(四)培育良好的劳资关系,保障员工的安全与健康

由于市场经济的快速发展、劳动法律法规的普及,企业员工的法律意识越来越强,因此劳动争议事件的发生也越来越频繁,企业为解决争议,不仅要花费大量的财力和人力,还会造成其他方面的间接损失。企业人事制度不健全是引发劳动争议的原因之一。因此,建立有效的劳动争议预防机制,构建和谐的劳资关系是企业做好员工关系管理工作的基础。企业不应被动地处理劳动纠纷,而应积极主动地完善内部劳动规章制度,建立科学有效的沟通协调机制。

员工是企业的灵魂,企业的发展离不开员工的努力,而员工的安全与健康是他们正常工作的基础,直接关系到企业运营的效率。所以,保证员工的安全与健康是建立良好员工关系的重要保障。企业要建立安全责任制度,制定具体的安全目标,培养员工的安全意识,合理安排员工工作,改善工作环境,营造融洽的工作氛围,缓解员工的工作压力,保证员工的健康。

(五)建设积极的企业文化,提升员工的工作满意度

企业文化是企业经营观念、精神理念、道德规范及发展愿景的总和,是企

业发展的前提和基础，发挥着一种"软约束"的作用。因此，企业要建设积极的企业文化，明确企业的共同愿景，鼓励员工参与企业文化的建设，充分展现员工的精神面貌，营造一种积极、自由、学习、创新、竞争的文化氛围，将企业的发展目标与员工的发展目标密切地联系起来，培育员工的责任感与使命感，从而为员工关系管理奠定基础。

员工关系管理的最高境界就是通过提高员工满意度来建立良好的员工关系，促进企业发展。企业要做好对员工满意度的调查，明确调查任务，选好调查时机，制订合理的调查方案，并做好调查结果的分析与运用。同时，为员工提供具有适度挑战性的工作内容，帮助员工获得工作的成就感；建立公平合理的薪酬体系，增强员工的公平感；还要营造积极和谐的工作环境，缓和员工之间的矛盾，更好地协调员工管理工作。另外，在分配工作时要注意员工的人格特点与工作性质是否匹配，从而最大化地提高员工工作的积极性。企业做好以上各项工作，必然会使员工满意度得到提升，那么，员工关系管理也就向前迈进了一大步。

（六）做好离职员工的管理，减少优秀员工的流失

目前，企业中员工的流动性随着市场竞争的扩大也在不断加剧。适当的员工流动能增强企业的活力，但过度的员工流动则说明企业的管理出现了问题。不少企业管理者为员工的离职感到愤怒，其实，企业只要处理好与离职员工的关系，就能把离职员工变成自己的朋友甚至未来的客户，而不是企业的敌人，关键在于如何去做。员工离职包括自愿离职与非自愿离职两种情况。

对于非自愿离职也就是企业辞退的员工，管理者要讲究辞退的艺术，要以事实为依据，做好日常的评估记录，充分照顾到辞退员工的尊严，进行细致周到的安抚工作，同时也要表现出自己坚决果断的立场，让员工的直系管理者参与辞退过程。企业还要重视其他员工对辞退人员这一事件的态度，必须得到他们的理解和认同，否则会影响其他员工的工作情绪，降低工作效率。

面对自愿离职即辞职的员工，企业需要做的是正确认识员工离职，消除敌视态度，充分分析员工离职的原因，建立起完善的离职管理制度，做好员工离职面谈的工作，离职面谈的氛围要轻松，管理者的态度要真诚。同时，企业要适度挽留人才，挽留失败时要处理好与离职员工的关系，充分利用离职员工资源，与离职员工保持密切的联系，努力把离职员工发展成企业的再雇佣者和正面宣传者，甚至是未来的投资者或客户。

当然，做好离职管理的基础工作也是非常重要的。企业要从一开始就采取措施降低离职率，首先，要做好员工的招聘与培训工作，使新员工管理规范化；其次，要保证员工工作的合理性，建立有效的绩效管理体制，确保奖惩体系公平、合理；最后，要建立和谐积极的企业文化，营造自由轻松的工作氛围，为员工自我价值的实现提供更多的机会，从而降低员工离职率，吸引更多的人才，实现企业的可持续发展。

（七）建立全方位的沟通机制

员工关系问题在很大程度上是由企业相关制度缺失或相关制度不完善造成的，当各方利益发生冲突时，"无章可循"成了解决问题的瓶颈。沟通机制不健全会造成信息传递不畅、信息失真等诸多沟通障碍，这在无形中降低了员工沟通的意愿，导致管理者不能及时发现和解决问题，在一定程度上阻碍了企业的进一步发展。有效的沟通机制应该是全方位、多层次和多维度的，应包括部门间、管理者间、员工间、管理者与员工间等多种沟通渠道的建设。沟通机制的建设可以拓宽沟通渠道，丰富沟通方式，进而营造积极向上的沟通氛围，确保沟通的稳定性和长效性。

企业要根据自身发展阶段，结合国家相关法律法规，明确企业当下急需调节或规范的员工关系或行为，完善企业现有规章制度，加强企业制度建设，坚决剔除有损员工合法权益的制度和条款，调整员工关系，为沟通奠定良好的制度基础。可把内部刊物、员工手册、工作例会、接待日、意见箱、OA 办公系统、企业微信工作群（组）等作为完善沟通机制的途径，让员工感受到企业强烈的沟通意愿。强化骨干员工在组织反馈中的作用，科学实施"老带新"政策；领导或上级应定期参加新员工聚会，认真对待培训反馈，让新员工有主动向上级寻求反馈的机会。

企业要积极进行规章制度建设，不断提高企业的管理水平，让员工在工作中感受到尊重，特别是在关系员工切身利益的重大决策上，让员工充分参与显得尤为重要。企业应大力建设沟通机制，促使管理层和员工共同参与到心理契约的建立及维护过程中，建立起良好的信任与沟通关系，实现员工关系管理机制的长效化；应调动员工的主动性、积极性，发挥员工的创造性，全面提升员工的工作满意度，让员工充分享受企业发展带来的红利。有条件的企业可以设立员工关系管理岗位，主动积极地应对员工关系问题。同时，应注意员工关系管理制度僵化给员工管理模式创新带来的不利影响。

第五章 员工流动管理

第一节 员工流动的定义和形式

一、员工流动的定义

员工流动的概念有狭义和广义之分。相关研究者给员工流动下了一个定义:"个体作为组织成员状态的改变。"按照这一定义,企业员工的流入、流出、晋升、降级和岗位更换等都应该被纳入员工流动的范畴。

广义的员工流动是指劳动移动,是指员工从一个地方移动至另一个地方的地域间移动,或是从某一职业转移至另一个职业的职业间移动,或是从某一产业移转至另一个产业的产业间移动。同时,员工流动也意味着某一特定组织如公司、机关等员工的流入及流出,即员工在组织内的流动,如员工从一个部门转换到另一个部门,或者在同一部门的晋升、降职或工作内容的改变等行为。

从狭义上看,员工流动是一个从企业领取货币性报酬的人中断作为企业成员的过程。这就将企业员工流动与企业员工内部的晋升、降级、调动区别开来。狭义的员工流动本质上是指员工的外部流动,即员工从一个企业流动到另一个企业的行为和过程。

笔者认为,虽然企业员工的内部流动属于企业的人力资源整合行为,但员工的状态、工作内容或身份都发生了变化,这种变化对个人职业的发展、企业的发展都有着很大的影响。因此,员工的内部流动也应该作为员工流动的研究对象。企业员工流动应包括企业员工的内部流动和外部流动。

二、员工流动的基本形式

企业员工流动的基本形式主要包括以下几种：

（一）聘用

聘用主要是指用人单位通过手机、报纸、广播、电视公开发布招收某种员工的启事，通过面谈、笔试等程序，在应聘者中择优聘用。聘用是企业员工从外部向内部流动的最主要方式。

（二）借调

借调是指单位因技术攻关、引进专案、确保重点建设或扩大事业范围等原因，急需某类专业技术人员或管理人员，在调用有困难的情况下所采取的临时或短期借用的办法。这种情况一般是一种短暂的流动，员工在完成借调单位的任务以后，又流回自己的企业、自己的岗位。

（三）内部调动

内部调动主要是指企业员工在组织中横向流动，在薪资和职位等级不作调整的情况下变换工种。内部调动是企业员工内部流动的主要方式之一。

（四）晋升

晋升主要是指企业员工由于工作业绩非常出色或组织工作的需要，根据组织等级的划分，由比较低的等级上升至较高的等级。

（五）降职

降职是企业的员工在组织中由高职位向低职位的移动。与此同时，员工所承担的工作责任减少了，相应地，收入也降低了。降职是与晋升相反的一种流动形式，降职与晋升都是员工进行内部流动的主要方式。

（六）退休

退休是指根据国家有关规定，劳动者因年老或因工、因病致残，完全丧失劳动能力或部分丧失劳动能力而退出工作岗位。退休往往是由人类衰老的自然现象或是偶然因工作受伤所引起的。

（七）解雇

解雇是指员工因工作绩效不合要求、行为不当、违反规定、业务水平不合格、不服从管理等个人方面的原因导致的被企业辞退的现象。解雇是员工并非自愿的流出方式，这种方式对员工的伤害很大，所以企业一般很少使用。

第二节　员工流动管理的类型

从社会的资本角度来看，员工流动管理主要是指对企业人力资源的流入、内部流动和流出而进行的组织、计划、协调和控制的全部过程。企业的员工流动管理可以分为员工流入管理、员工内部流动管理和员工流出管理三类。员工流入管理是指员工进入企业前接受招聘、筛选等一系列的考核过程。员工内部流动管理主要是指员工进入企业之后，企业在内部对他们进行升职、降职、变换岗位的调整，以满足企业的需要，并满足员工自身的职业发展需要。员工流出管理主要是指对一个从企业获取薪酬的人中断雇佣关系的过程。员工流动管理的目的是确保企业员工的可获得性，满足企业的人力资源需要和企业员工的职业发展需要。下文将对员工流入管理、员工内部流动管理和员工流出管理进行详细论述：

一、员工流入管理

（一）员工流入管理具有必要性

由于企业总是不断有人离开，为了保证正常生产，企业就必须不断有员工流入以填补流出员工的空缺。在员工流入这个环节，企业如何吸收与获取人才，如何选择适合企业发展的员工是人力资源管理最重要的工作。好的员工流入管理能在有效的时间内找到企业需要的人才。在信息时代，人员信息不仅来源广，而且成分复杂，虚假信息也比较难甄别。从人力资源成本的角度出发，员工的流入对企业来说也具有十分重要的意义。有资料表明，招聘专业人员成本大致为这些人第一年工资的50%～60%，这部分仅仅是直接成本，如果在员工录用的工作中出现失误，则会对企业造成负面影响或不可预计的损失。所以员工的流入管理非常有必要。

（二）员工流入管理具有基础性

员工的流入管理在员工流动管理工作中有着十分重要的作用。一般来说，出现以下几种情况时，企业需要开展招聘工作：新组建一个企业；由于企业的业务发展、规模扩大造成人员不足；企业员工组成结构不合理，一方面需要裁减冗员，另一方面还需要招聘人才以及时补充短缺的岗位；企业内部由于原有人员的调离、辞职、解雇、退休或死伤出现空缺职位；等等。

首先，人力资源管理是以员工的流入为起点的，企业人力资源管理所包括的各个环节，如教育培训、绩效考核、员工培训以及员工激励、员工流动等，在一定程度上都是以员工流入为基础的。其次，员工的流入也是企业人力资源管理的基础。如果企业不招聘员工，没有员工，那么之后的教育培训、绩效考核等人力资源管理的内容就无从谈起。最后，在人力资源管理过程中，员工使用和配置的效果是企业成败的关键。而在员工的使用和配置中，员工的流动管理又是关键；在员工流动管理中，员工的流入管理是基础，也是关键。企业员工流入是企业能够正常运作的基础，没有员工的企业根本无法正常进行生产。因此，员工流入管理是企业应该具备的基本能力。

（三）员工流入管理具有连续性

员工流入管理是一件长期的事情，不是一劳永逸的事情，如果员工只流出不流入，最终企业会因员工完全流失而倒闭。因此，企业员工流入管理是一种持续性的管理行为，是企业不可缺少的职能。不论是对新成立的企业还是对成立时间较长的企业来说，员工流入管理都是一项连续性的工作。

对于新成立的企业来说，员工的流入是企业运作的前提和基础。如果企业找不到能满足自身发展需求的员工，那么它前期的投入就会浪费，或在效果上打折扣。如果企业开始的人员配置不合适，就很难运营下去。对于运营中的企业来说，员工的配置处于不断变化之中，而企业由于外在竞争环境及自身的组织结构变化带来的影响，再加上自然原因而不断面临员工的流出，因此也就相应地不断面临员工流入的情况。

二、员工内部流动管理

（一）员工内部流动管理具有双向选择性

员工内部流动可以由企业提出，也可以由员工个人提出，而且双方都有商量的余地和选择的权利。因此,员工内部流动管理是一种双向选择的管理。其中,内部调动这一形式最具有双向选择性。

从定义上来看,内部调动这种流动形式并不能简单等同于晋升或是降职,但企业员工的内部流动却往往与员工的职业生涯发展有着密切的关系。例如,员工的平行调动可能是企业为了让员工获得更多的经验,为下一步的晋升行动做准备,也可能是对某些止步不前的员工的一种变相的降职处理。

但企业应该注意的是,对员工的内部调动应有明确的管理规定,规定的内容包括:在要求员工调动时,企业应该给员工多久的准备时间,企业支付调动费用的条件,以及支付方式和支付金额;在员工主动提出调动的情况下,员工应提前多长时间告知企业,企业又应在什么时间范围内答复员工的调动请求;等等。通过这些具体制度的约束,企业和员工都可以将内部调动所造成的经济损失降到最低,并且可以使企业避免由于人员调动可能带来的法律诉讼问题。

员工的内部流动可以由企业提出,也可以由员工自己提出。由企业提出的员工内部流动主要包括以下三个方面的原因:

第一,满足企业生产发展的需要。在当今竞争激烈的环境中,企业的发展或者变革经常会带来组织结构的调整,常常需要建立某些新部门,或是撤除一些老部门。当企业结构发生变动时,企业可能会对员工进行非提升性的调动,为了留住有价值的员工,企业可能会将那些原工作部门被撤销的员工安排到其他岗位。

第二,给企业其他员工带来激励。现代企业主要还是沿袭传统企业的金字塔结构,即在一个企业中高级的管理职位总是比低级工作职位少,这就导致大多数员工得不到及时晋升的机会。而对于那些工作能力强但又无法得到晋升的员工来说,由于没有物质或精神上的激励,工作就会缺乏动力,甚至会消极怠工,不思进取,这样很容易对企业造成较大的负面影响。

尤其是一些核心研发人员,他们若颓废不前,对企业发展的影响更大。这时企业会用工作调动的方式来为他们提供多样化的工作内容,从而变相为他们提供自我发展的机会。现在,越来越多的企业在进行组织的扁平化改革,即通过减少管理层级的方式来提高员工的工作效率。在这种情况下，员工具有丰富多样的实践经验成了获得晋升的必要条件。此时，内部调动可以丰富员工的实践经验，帮助他们做好晋升的准备。

第三，保证企业的内部流动渠道畅通。对于企业来说，若不及时疏通晋升渠道，有价值的员工就可能另谋出路。因此，为了确保企业内部的晋升渠道通畅，企业就应该让那些不具备晋升条件的员工在内部流动。

由员工个人提出的调动的原因有很多。例如，员工要结婚生子、抚养老人、照顾家庭等。如果企业能满足员工因为这些因素而调动的愿望，就有可能提高员工的工作效率。此外，员工可能会出于个人喜好产生希望调动的愿望，这些偏好有可能是对工作地与居住地之间距离的偏好，也有可能是对居住环境的偏好，还有可能是对气候的偏好等。再者，员工也有可能出于自身职业发展的考虑提出调动的要求，包括为丰富个人工作的经验，希望能从事自己更感兴趣的工作，或者在更适合自己的工作时间进行工作等。如果企业不能满足员工的这种要求，员工就可能向外部流动。

（二）员工内部流动管理具有内在保护性

员工内部流动管理经常是处理劳动关系冲突最有效的方法之一，往往可以保证劳动关系的和谐，减少劳资纠纷等问题，进而保证企业的良好发展。在员工关系中，一些员工与管理者之间或员工与员工之间都可能出现由于个性、年龄、兴趣等不同而不能和谐相处的情况，如果处于冲突中的双方对企业而言都是不可或缺的，这样的情况下，对冲突的双方或一方进行工作调动不失为解决冲突的一种有效方法。

（三）员工内部流动管理具有优化性

对企业员工的内部调整其实是一个对员工进行优化配置的过程，对员工的内部调整常常是因为某个员工可能更适合某个岗位，或更喜欢某个岗位，通过调整可以提高员工的工作积极性,实现人力资源的优化配置。

岗位轮换方法是由德国的一名工人提出的,他认为,如果能让流水线上的工人定期与其他岗位的工人进行岗位轮换,不仅可以使企业工人对工作保持激情和新鲜感,还可以提高他们的生产效率。岗位轮换后来成为一个可以在企业各个部门之间、在不同类型员工之间实行的员工流动方法。

在大多数情况下,如果企业培养了一些员工,为了保持相对的稳定性,使劳动生产效率提高,管理者总是尽可能地让这些员工在他们原来的岗位上,不产生变动,希望员工一辈子都从事这个岗位的工作,从而使企业节约很多的培训费。同时,有管理者还认为,不进行岗位调整,不仅能使员工对该岗位的工作具有较高的熟练度,并且也能使员工保持十分高的劳动生产效率。遗憾的是,这种观念是错误的,许多员工长时间在一个岗位上工作,会产生厌倦心理,导致生产效率低下,或因此而流出企业。岗位轮换就是为解决这种问题而产生的一种十分有效的让员工创造更多价值的方法。现在,国内外许多企业都采用了这种方法。

(四)员工内部流动管理具有谨慎性

企业如果对于升职、降职等管理措施运用得当,可以提高员工的积极性,但如果运用得不好,则会打击员工的积极性。因此,为了保证企业员工能发挥积极性,企业在实施员工内部流动管理时必须经过慎重的考虑。

正常来说,晋升是一件让员工开心的事情,虽然晋升会让员工承担更多更重要的责任,但同时也可以让他们获得更高的工作地位和薪资福利水平。所以,合理的晋升不仅能对员工起到良好的鼓励作用,还利于员工团队的稳定,避免人才流失。此外,合理的晋升制度还可以激励员工为达到工作目标而不断努力,可以从客观上提高员工的素质,提高工作绩效,从而增加企业效益。可见,晋升管理工作与企业员工的积极性有直接联系,其重要性不可忽视。

企业管理者往往把降职作为一种稍轻的处罚方式代替解雇。降职与晋升是相反的，晋升是员工职位等级的向上流动，而降职是向下的流动。降职通常是在对工作多年的员工进行处理时使用的，因为工作多年员工有可能由于多种原因导致生产效率下降，不再适合做这种工作，或不愿意长时间地按要求工作。

企业在使用降职方法处理员工时必须要十分谨慎，被降职的员工常常会表现出愤怒、尴尬、自卑和失望等情绪，因此会导致其生产效率降低。此外，被降职员工的不良情绪还可能给其他同事带来负面影响。有研究表明，企业制定试用期制度能有效避免由降职带来的负面效应。

企业可允许被提升的员工在试用期内尝试新的工作，如果他不能胜任，就将其调到其他岗位。这样一来，该员工就不会被看成是受到了降级的处罚。有时，由于企业组织结构的扁平化改革，会造成一些职位被撤销，使一些有价值的员工不能在原来的职位继续留任，如果企业不希望失去这些有价值的员工，就可以将这些员工安排到一个比较低的职位上，但保留这些员工原来的薪酬和福利待遇。

三、员工流出管理

（一）员工流出管理具有必要性

企业员工流出是一件必然的事情，因此企业必须具备管理员工流出的职能，以避免与员工之间的纠纷，维护自己的合法权益。企业由于市场变化或者某些员工不能达到企业要求的劳动水平而需要精简人员，通过精简人员，企业可以提高劳动生产效率。

（二）员工流出管理具有复杂性

员工向企业外的流出比流入更为复杂。首先，员工流出的意向具有复杂性，分为自愿流出、非自愿流出和自然流出。其中，非自愿流出又包括解雇和人员精简两种。其次，员工流出涉及商业机密、技术机密等有关企业利益的保密问题，企业在进行员工流出管理时必须考虑如何对自己的利益进行保护。最后，员工离职的时候还可能涉及企业与员工的纠纷。

解雇这一员工流出形式有可能给企业带来一些纠纷。首先，可能带来经济方面的危险，比如一些企业对员工的解雇行为可能会引起被解雇员工的投诉。其次，还可能有人身方面的危险。因为工作常常是一个人全部的经济来源，当被解雇时，他们承受的经济压力非常大，可能会引发一些极端行为。因此，企业采取解雇方式时需要谨慎，要遵守相关法律法规，以避免不良后果的出现。

（三）员工流出管理具有强制性

员工的非自愿流出往往具有强制性，如企业裁减人员、员工退休、员工工伤等都不是由员工的主观意志决定的。因此，员工流出管理往往具有强制性。

第三节　员工合理流动的管控措施

一、基于保持合理员工流动率的管控措施

国内外一些学者认为，企业员工流动率保持在 5%～10%，能够促进企业的优胜劣汰和长远发展。笔者认为，对企业而言，这个区间值只能作为一个参考值，根据企业成本、组织绩效来具体分析得出的员工流动率，才更有价值。但可以明确的是，保持适度的员工流动是企业持续发展的重要管理策略。

（一）建立流动成本、流动收益和激励成本统计分析机制

企业需要记录员工流动成本、流动收益、激励成本的财务数据，对数据进行量化统计分析。当员工流动成本大于流动收益或者激励成本小于流动成本时，企业应采取主动管控措施，以保持合理的员工流动率。

（二）员工流动管控与其他管理措施相结合

企业应对员工流动率进行跟踪统计分析，明确不同发展状况下合理的流动率，而不是局限于某个数值。也就是说，员工流动管控要满足企业发展的实际需要，与其他管理措施相结合，要以有利于企业发展为导向。

（三）坚持人力资源管理的"二八"原则

员工流动是企业发展的动力，保持员工合理流动是企业发展的保障。员工流动是绝对的，保持合理流动率是相对的。保持合理的员工流动，要从两个方面着手：一是抓住关系企业核心竞争力的20%的核心人力资源，核心人力资源不仅是管理人才和技术人才，也包括在生产一线、有强大凝聚力的员工"领袖"。二是管理好余下80%的员工，保持适当的流动率，打造稳定、高效的执行团队，实现企业经营目标。

二、基于激励因素的管控措施

企业管理者普遍认为激励是最重要、最直接的人力资源管理措施。激励通常是从薪酬待遇、个人成长、工作自主和业务成就等方面刺激员工，驱动员工采取目标行为。其中，薪酬管理是企业管理者最为重视的部分。但是，笔者通过研究发现，仅仅依靠薪酬管理对企业员工流动进行管控是不可行的，必须实施多层次的激励。

（一）建立公平、合理、具有竞争力的薪酬制度

企业付给员工的报酬，既包括工资，也包括福利。企业可针对不同岗位、作出不同贡献的员工，设计差异化的薪酬福利制度，突出薪酬制度的差异化原则。例如，对企业高管可给予一定的企业股权，对高技能人才可给予项目奖励等。但是，目前很多企业对一般员工的薪酬福利设计大多局限于基本工资和绩效工资。可从两个方面对一般员工的薪酬制度进行完善：一是实施有针对性的激励措施，比如设立技术革新奖、发放特殊技能津贴等；二是从传承企业文化、增强企业吸引力的角度完善薪酬制度，比如设立员工奉献奖，发放优质服务津贴、子女教育津贴等。总之，企业要根据员工的偏好来完善薪酬制度，这样才能获得更好的激励效果。

落实薪酬制度要保证公平。一是要保证外部公平。薪酬诱惑主要来自企业外部，因此企业要随时关注同行业市场平均薪酬水平，以保证本企业的薪酬待遇在同行业具有竞争力，在人力资源市场上占有主动权。二是要保证内部公平。企业要建立科学的绩效考核和薪酬支付制度；作出公正的考核评价，并建立反馈渠道。

（二）建立行为考核与效果考核并重的绩效考核机制

绩效考核是企业人力资源效率考核的一个衡量标准。多数企业只重视效果考核，对完成工作任务的情况实行量化考核，并将此作为支付薪酬和发放福利的主要依据，甚至是唯一依据。但是效果考核难以对员工的工作过程和隐性价值作出客观评价，会造成薪酬支付的不公平，从而引发员工的不满。而且，这一问题多发生在工作责任心强的员工身上，对稳定员工队伍是一个隐患。因此，在效果考核的同时要建立员工认可的行为考核标准。行为考核可以采用标准量表的方式，对员工的工作态度、号召力、工作奉献、团队合作能力、工作创新情况等进行评价。行为考核在总绩效考核中所占的权重，以能够引起员工足够重视为标准，过高的行为考核权重会引发员工的消极态度，不利于提高员工的

生产效率。

（三）帮助员工制定可行的职业规划

企业管理者要想保证企业的可持续发展，不仅要关注企业目标，还要关注员工的个人目标，只有当员工个人目标与企业目标一致时，员工才能发挥出最大的创造力和执行力。因此，企业要帮助员工制定切实可行的职业发展规划，帮助员工实现职业目标。只有这样才会让员工明白，实现自我价值与企业的前景息息相关，促使员工付出更多的努力，从而降低流动率和流动成本。

帮助企业员工制定可行的职业生涯规划对员工的激励是多方面的：能够使员工的情感需求和自我实现需求得到满足；有助于员工自愿选择自己擅长的工作领域，使员工与企业在工作转换、薪酬调整等方面相契合；帮助员工认清技能要求，为员工培训提供依据；有利于员工明确职业发展途径，使员工发展和企业发展形成合力。因此，在新进入企业员工工作的第一年里，企业应当为他选择一位拥有较高技能水平并愿意提供支持的导师。

三、基于增强企业吸引力的管控措施

（一）做好企业文化的定位和传承

企业文化是企业物质财富和精神财富的总和，反映了企业所有员工对企业价值观的共同认可，具有人文教化和历史传承的特点。企业文化定位应基于企业对社会的贡献和责任，并能够保证这种定位得到社会的认可。企业要打造良好的企业文化，树立企业形象，维护企业声誉，扩大企业影响力；同时，要激励员工锐意进取，奋发向上，建立和谐的人际关系，从而规范员工的行为。

（二）支持员工实现自我价值

在现代社会，企业员工的成就感不仅限于满足生存的需求，更在于提升自身的职业技能水平，拓展自身的发展空间。一旦员工有了更高的追求，而企业忽视或不能满足这种需求时，员工会选择离开该企业，寻找新的发展平台。因此，企业要建立帮助员工实现自我价值的平台，制定公平的规则、制度，最大限度地满足员工实现自我价值的追求。

（三）不断给予员工建设性的反馈

企业对员工进行绩效评价并及时反馈，形成一个完整的组织管理过程，这对员工的职业生涯发展十分重要。员工希望得到组织对他们作出的适当评价，并通过及时反馈来肯定他们的能力和成绩。反馈必须经常进行，这样才能使员工在不断学习的过程中校正自己的行为。反馈必须是有建设性的、正面的反馈，这样才能激发员工的积极性，增强企业的吸引力。

（四）将人际关系作为管理要素

和谐的人际关系有助于增强员工对企业的认同感、归属感，提升员工的忠诚度，培养团队精神，让员工在这种氛围里更好地发挥自己的潜能。和谐的人际关系要建立在企业内部公平、公正、透明的竞争机制之上，使得员工在规范、统一的制度下实现优胜劣汰；同时，企业要在管理者和员工之间建立沟通平台，打造相互信任、相互尊重、相互帮助的企业文化。例如，企业可通过让员工参与团队管理、参与长期项目、进行感情投资等方式，让员工与企业的联系更紧密，以此提升员工对企业的满意度和忠诚度。

四、基于调节因素的管控措施

（一）在尊重的基础上引导员工的个人感知

通过调查，笔者了解到企业员工个人感知主要包括就业经验和相关利益。员工的个人感知与个人的学历、阅历、家庭背景等诸多因素相关，很难进行整体描述。员工个人感知是个人的潜意识，因此企业在员工管理过程中，需要有预见性地进行员工个人感知引导。引导的前提是帮助员工实现自我价值，也就是说，在尊重员工的基础上进行引导。尊重员工，才能使员工主动融入企业。

引导员工的个人感知，可以通过推广企业文化的方式让员工树立正确的价值观念，引导员工客观评价得失、荣辱；可以定期进行亲情式访谈，帮助员工疏导不良情绪；可以安排员工了解行业发展状况，了解企业在行业中的定位，准确认识自身能力与企业发展的匹配度；还可以合理安排员工内部流动，因为员工从不同岗位了解企业的过程也是对自己进行客观评价的过程。

（二）关注就业市场，把握员工流动管理的先机

企业管控员工流动的最终目的是得到最佳的人才，以保证企业的可持续发展。也就是说，员工流动管控并非单纯地抑制员工流动，而是要做到"吐故纳新"。这就需要企业在人力资源市场中具有一定的竞争能力。因此，企业要关注就业市场的变化，了解行业员工流动状态。具体来说，企业要做到以下几点：

一是建立员工离职访谈机制，了解员工离职的原因，给予离职员工力所能及的帮助，建立联系档案，为员工下一次入职搭建桥梁；

二是关注就业市场的变化，定期对人力资本进行分析，防范人力资源危机；

三是建立行业人力资源档案库，对企业需要的人才实行档案管理，并与之建立适当的联系；

四是通过对就业市场人力资本的分析，对企业人力资本结构进行评价，促

进员工的内部流动和外部流动。

  总之，保持企业员工的合理流动既要考虑工作因素的影响，又要考虑非工作因素的影响，基于影响员工流动的不同因素的作用，建立多层次的管控体系。同时，企业员工流动管控系统作为企业战备管理系统的子系统，必须与其他子系统建立联系，才能有效地运行。

第六章 人力资源管理创新相关理论探究

第一节 人力资源管理创新的必要性及影响因素

一、人力资源管理创新的必要性

在经济全球化的发展趋势下，人力资源管理作为企业发展的战略性工具，其质量对于企业的长远发展具有直接的影响。任何一个企业的发展都离不开人力资源管理，可以说，人力资源管理是企业管理的核心。但是，在现代化的社会经济发展趋势下，传统人力资源管理理念已经呈现出落后的趋势，难以满足企业长久发展的需求，因此需要进行改革与创新。

当前，人力资源管理工作受到了社会的广泛关注，国内外学者都十分重视对人力资源管理理论的研究，力求对企业人才队伍建设进行科学指导，发挥人力资源管理工作的重要价值。在企业中，为了丰富企业人力资源管理的内涵，很多企业逐步提高人力资源管理工作的质量，将先进的人力资源管理理念应用到人力资源管理工作中，为企业自身发展营造良好的内部环境。随着科学技术的发展，传统的企业人力资源管理工作存在较多问题，各种内部因素与外部因素的影响，给企业人力资源管理工作带来了较多的困扰。

目前，很多企业在进行人才聘用的过程中没有对应聘人员进行严格的审核，单纯认为只要是高素质的员工就会对企业的发展有利，忽略了员工发展潜力的重要性，在员工进入企业之后，只是对员工进行现阶段所需技术的培训，没有对员工进行长远的、有计划的定期培训，这很容易造成员工停滞不前，对企业的发展造成不利影响。

另外，很多企业存在用人机制不完善的现象。个别企业人力资源管理部门在对员工进行工作岗位分配的过程中，会受裙带关系的影响，有些员工由于与企业内部的某些高管存在关系，就会出现做较少工作但拿较高工资的现象，但是其他一些员工做的事情很多，拿到的工资却很少，这严重影响了员工的工作积极性，对企业的发展也非常不利。

相关数据统计结果显示，我国很多企业在人力资源管理过程中，存在员工福利待遇单一的现象，在基础工资之上对员工进行奖励的企业少之又少，并且，很多企业缺乏多劳多得的奖励机制，这对激发员工的积极性有严重的阻碍作用，从长远来看，也不利于企业的发展。

综上所述，企业进行人力资源管理创新势在必行。现阶段，企业在人力资源管理中，要更加重视对员工的关怀，将人本主义理念运用到日常管理中，从而提高员工工作的积极性。在现阶段人力资源管理的创新工作中，企业管理人员要重视管理方式与管理制度的创新，推动企业现代化建设，打破传统人力资源管理方式的束缚，从而优化企业管理制度，为企业自身发展创造良好条件。

企业管理人员要改变传统的员工管理模式，更加重视企业长远利益，重视对员工的培养，确保员工能够与企业一同成长，不断提高其工作能力。尤其是现阶段人才创新机制的完善，给企业管理人员带来了新思路。企业的人力资源管理不应再局限于对员工的要求，而是充分考虑员工的需求，从而改善员工的工作环境。

二、影响人力资源管理创新的因素

在企业自身发展过程中,影响企业人力资源管理创新的因素可以分为内部因素与外部因素。

(一)内部因素

在企业发展过程中,企业内部成员的关系、组织架构、企业文化等因素都会给企业人力资源管理工作带来较大的影响。在现阶段,由于员工的经历、学历等背景存在较大差别,因此企业在管理员工时往往要采取不同的措施。随着企业人力资源管理工作质量的不断提高,企业管理人员更加重视对员工的培养,良好的人力资源管理制度能够对企业员工工作效率的提升起到重要作用。尤其是在现阶段的管理工作中,重视对人才的培养,充分利用现有资源,将创新理念应用于企业人力资源管理中,可以推动企业现代化建设。同时,企业的组织架构对于企业人力资源管理工作同样具有较大的影响,企业管理者只有坚定信心,完善组织架构,才能为企业发展创造良好机遇。

(二)外部因素

在现阶段的企业工作中,外部因素对企业人力资源管理创新的影响较大。外部因素具有不确定性,会给企业内部管理工作带来较大的负面影响。企业管理人员要加强对外界复杂多变的环境的认识,找出并解决企业发展中面临的问题,从而调动员工工作的积极性,推动企业发展。例如,技术型企业面临的市场竞争力较大,在人力资源管理中,管理者要增强员工的竞争意识,增强企业发展过程中的紧迫感,激励企业技术人员奋勇拼搏,逐步建立起多层次的管理体系,推动企业发展。

第二节　人力资源管理理念创新

一、重视人才培养工作

　　企业在发展中要重视人才培养工作，进一步提高管理工作的质量，为自身发展创造良好的环境。目前，一些企业管理者仍坚持功利性与交易性原则，在管理过程中，只会考虑领导者与组织者的利益，在人力资源管理工作中，体现的仅仅是领导者的意志，这种管理方式严重影响了员工的积极性。随着人力资源管理创新理念在企业管理中的应用，企业管理人员应重视对企业人才价值的挖掘，推动企业发展。企业管理层应打破传统人力资源管理工作的束缚，为企业自身发展创造良好机遇，逐步提高当前人力资源管理工作质量，为企业现代化建设作出努力。人力资源管理人员要重视对先进管理理念的学习，优化企业人力资源配置，充分重视企业人才培养工作，提高企业管理工作质量，从而挖掘员工的价值，打造优良的人才团队，逐步提高现阶段企业人力资源管理工作的质量。

　　例如，某企业在传统人力资源管理工作的基础上，重视人力资源管理创新理念的应用，在企业发展中，重视对企业优质员工的培养工作。由于该企业主要经营通信类电子产品，企业管理人员重视对企业优质员工的培养，与众多生产经营通信类产品的企业建立合作，加强对企业员工的培养，给予员工培训机会，并且将员工的学习考核成绩与职位晋升和奖金挂钩，从而激发当前技术人员的培训热情。这些举措为企业培养了优质人才，完善了企业管理工作。

二、健全人才价值考核体系

在企业人力资源管理工作中，加强人才管理体系建设，充分挖掘企业内部人员的潜能，发挥人才的价值，是提高企业发展质量的重要手段。当前，企业管理人员重视对人才价值的解读，注重为企业内部人员提供良好的工作环境，进一步发挥员工的价值，使其为企业的发展作出贡献。同时，企业人力资源管理部门依据人力资源管理工作理论与经验，对企业内部员工进行有效管理，及时发挥员工的主动性。对于为企业建设作出较大贡献的员工，给予更多福利，从而营造公平公正的内部环境，为企业自身发展凝聚向心力。

在现阶段人才管理过程中，人力资源管理部门应重视对内部人才的分类与识别，有效划分企业人才的属性，逐步提高当前人力资源管理工作的质量，制定科学的管理体系，为企业人才发展创造良好机遇，帮助员工确定未来成长方向，发挥人才自身的价值。随着企业的发展壮大，如何做好企业内部人员管理工作，已经成为影响企业发展的重要因素，人力资源管理部门需要健全人才价值考核体系，加强制度建设，从而规范企业人力资源管理工作流程，推动企业的可持续发展。

三、创新人才管理机制

随着企业现代化建设进程的进一步加快，管理人员更加重视人才管理机制的应用，将新的人力资源管理理论应用于企业人力资源管理，发挥各类人才的重要作用。尤其是随着企业信息化建设步伐加快，在人力资源管理中，企业应重视信息技术的应用，建设完善的人才管理机制，对员工工作进行量化分析，逐步提高当前人力资源管理工作质量。在企业内部建设中，重视运用绩效考核机制，制定较为合理的考核制度，将员工表现（如工作量等）与员工奖金、待遇挂钩。

企业人力资源管理部门在建立并完善人才管理机制时，需要结合企业长期发展战略，为企业招募能够满足企业发展需求的人才，使员工不断提高自身能力，为推动企业发展作出贡献。

企业要重视对人才的培养，加大对人才培养的投资，才能获得较高的收益，为企业可持续发展奠定基础。人力资源管理人员制定严格的定岗制度，有利于发挥岗位员工的价值，保障岗位员工的权益，提升员工对企业的忠诚度，缓解企业内部矛盾。

四、加强人本主义理念的运用

企业在当前的人力资源管理中，要重视人本主义理念的应用，为企业自身发展营造良好的内部环境。只有在企业内部形成尊重人才、重视人才的良好氛围，才能为企业建设创造良好机遇，逐步发挥现有人才的价值，调动员工的主观能动性，为企业建设作出贡献。

例如，在某高科技企业内部，企业管理层重视营造和谐的内部氛围，为员工提供良好的办公环境。同时，对技术骨干人员给予额外的津贴，提高其工作质量，使其为企业技术革新作出更大的贡献。同时，管理人员制定标准的绩效考核制度，将考核结果与员工晋升和薪资待遇挂钩，确保员工的付出与收获成正比，从而调动员工工作的积极性，营造公平合理的企业环境。

在人力资源管理过程中，将人本主义理念应用于日常管理工作，不断优化企业结构，关注员工的成长，充分体现以人为本的理念，尊重员工的个性，在保证企业人员队伍稳定的前提下，给予员工充分的自由空间，充分做到人尽其才、物尽其用，从而实现企业的高效发展，将人本主义理念深入贯彻到企业文化建设中。

五、运用人力资源管理新技术

当前，信息技术已经渗透到企业管理的每一个环节，技术创新大大提高了人力资源管理工作的效率，成为人力资源管理创新的重要手段。首先，要实行数字化的人力资源管理，建立员工资料数据库，将所有员工信息都储存到信息管理系统中。数字化从根本上改变了传统的人事档案管理制度，减少了传统人力资源管理操作的工作量，为人力资源管理创新提供了技术支持。其次，要实行网络化的人力资源管理。一方面，网络化的人力资源管理方式能在一个信息技术平台上实现企业内部的培训、沟通、绩效考评等传统人力资源管理职能，改变了逐级下达信息的方式，实现了扁平化管理；另一方面，网络化的人力资源管理使企业与外部的交流方式发生了根本性变化。最后，网站开发与维护是企业文化建设与企业形象宣传的新工具，是由人力资源管理部门主导完成的一项新的职能，是人力资源管理技术创新的重要体现。

六、用宏观思维进行人才管理

企业要从长远发展的视角建立长效的人才管理机制。总体来看，人事管理是人才管理机制的重要内容，但是当前许多企业的人事管理制度缺乏灵活性，过于僵化。另外，人力资源管理在市场配置方面的双向选择特性，使得我国出现了人才分布不合理的局面。因此，新经济形势下对人力资源管理的理念进行创新时，要建立宏观的人才管理思维，用宏观思维进行人才管理，这有利于增强我国选人和用人机制的灵活性。

例如，在人才选用方面，遵循一致性的原则，按比例进行选取，并利用大互联网技术的优势，将各单位的人才需求与各高校的人才资料相结合，建立一个双向交流和沟通的平台，便于用人单位和个人进行双向选择。对非国有企业来说，向社会和人才培养单位公开自身对人才的需求状况，既有利于企业自身对所需人才的选拔，也有利于人才根据自身的能力和兴趣选择适合自身发展和特点的职业。

但从长远的发展角度来看，人事管理和人力资源管理都存在很大的局限性。人事管理有利于个人保持职业的稳定性，但是不利于个人的个性发展；而人力资源管理虽然对个人的个性发展有积极的促进作用，但是对个人职业发展稳定性和企业员工队伍的稳定性造成了威胁。所以，人力资源管理理念的创新需要建立宏观的人才管理思维，要双管齐下，重视对个人的职业生涯管理和生命周期管理。

第三节　人力资源管理方法创新

在新时代背景下，企业的人力资源管理表现出了新的特点。目前，企业之间的竞争主要是人才资源的竞争。因此，企业应把人力资源管理放在首要位置，重视对人力资源的开发和配置，引入完善的激励机制，调动企业员工的积极性，让员工积极参与到管理工作中，从而在市场竞争中发挥人力资源的优势，实现企业经济效益的最大化。

创新是企业发展的关键，而高素质专业人员是企业创新的核心，人力资源管理是企业招聘和留住专业人才的先决条件。在新时代背景下，企业之间的竞争日趋激烈。企业要想在激烈的市场竞争中时刻保持竞争力，就必须深化对人力资源管理价值的认识，有效调整当前的人力资源管理方式。新一代员工受教育程度较高，这种新形势要求企业努力对人力资源管理方法进行改革和创新，坚持以人为导向。

企业的创新发展离不开有效的人力资源管理，创新管理理念，选择创新方式，保证创新发展，离不开人力资源管理方法的创新。

一、优化招聘流程

在新时代背景下，企业应根据自身的发展需要，制定更加规范的招聘流程，为企业的发展提供高素质人才资源，帮助企业在激烈的市场竞争中增强自身的竞争力。同时，在开展招聘工作的过程中，企业要坚持以人为本的招聘原则，真正实现人岗匹配，要依据员工的工作能力为其匹配合适的岗位，做到人尽其用，最大化地发挥每个员工的长处，提高企业的经营发展能力。优化招聘流程，完善招聘机制，可以提高企业员工的整体素质，进而为企业的人力资源管理打下良好的基础。

二、完善员工培训机制

企业在进行人力资源管理的过程中，需要投入一定的人力、物力、财力对员工进行培训，有效的培训可以改变员工的工作态度和工作方式，丰富员工的工作技能。企业应注意把握员工培训的各个环节，激发员工参加培训的热情，企业可以邀请某一领域的培训专家设计相应的培训课程，对员工进行有效培训，并对员工培训后的效果进行评估，将评估结果作为激励员工的一个重要因素。员工培训的内容除了专业知识、工作技能、企业文化之外，还可以帮助员工制定未来的职业发展规划，确定明确的晋升路径，从而提升员工对企业的忠诚度。

三、创新薪酬管理机制

薪酬是企业支付给劳动者的劳动报酬，与劳动者的劳动成果直接挂钩，是劳动者付出体力或脑力劳动后得到的货币或非货币形式的补偿。对于劳动者来说，薪酬是他们通过劳动合法获得的回报，是与自身利益相关的生存要素；对于企业来说，薪酬是企业与劳动者建立劳动关系的纽带，是让员工获得归属感、使命感、责任感的重要工具。良好的薪酬管理机制有利于维护企业和员工的平等关系，实现企业和员工的双赢。因此，无论在任何时候，企业都应当做好薪酬管理工作，以保证企业内部的公平、公正。

（一）企业在人力资源管理中创新薪酬管理机制的意义

第一，能充分调动企业员工工作的积极性。通过创新薪酬管理机制，企业可以构建完善的人力资源管理模式，帮助员工树立正确的工作态度，为员工提供更多的晋升机会，并让他们了解自己的工作晋升机制和薪酬构成模式，从而促进员工与企业的协调发展。第二，能吸引更多的人才。企业在发展过程中创新薪酬管理机制，可以吸引一批优秀的专业人才，还可以帮助员工提高自身能力水平。

（二）企业在人力资源管理中创新薪酬管理机制的方法

1.制定合理的薪酬管理制度

在薪酬管理制度方面，企业要做好以下几点工作：一是做好岗位价值评估。企业中每个岗位的价值不一样，人力计算成本也不一样。因此，企业必须在与同行业此类岗位进行全面对比后，才能给出最合适的薪酬标准。二是会计依规做账。核算制度是分析潜在问题后所制定的规范，因此要考虑管理者想要规避的问题，如项目上的零工费不纳入员工薪酬而并入施工材料费等混淆做账法。三是注重奖罚分明。再好的制度如果没有行动约束，也就失去了执行力，因此要在制度上制定会计违法核算的惩罚措施，力求从根本上杜绝财务欺诈行为，确保企业在合法、规范的轨道上运行。四是定期引入专业机构进行评审监督。企业要在每一个项目结束后引入专业机构进行审计评估，并且按季度或者年度定期自查自纠，做到薪酬核算有理有据、公平公正。

2.合理评估岗位价值，优化薪酬体系

企业必须充分考虑工作强度、员工能力、劳动性质等多方面因素，合理评估岗位价值，确定薪酬待遇。例如，职位性质、工作内容相同时，可选择相同的绩效评估标准，以建立固定的、公开的、公平的薪酬制度，明确不同岗位的薪资水平。

薪酬标准可以分为固定薪酬标准和浮动薪酬标准，前者一经规定便具有相对稳定性，后者随各种因素上下浮动。固定薪酬标准主要取决于员工的工龄和工作内容；浮动薪酬标准则取决于员工的能力、技术水平、岗位责任等。企业要根据员工的个体情况灵活选择薪酬标准，使每一个员工都能在工作中发挥自身的价值。

此外，在工作岗位相同、特点不同的情况下，必须选择不同的薪酬模式，设定不同的薪酬标准。以从事实业生产的企业为例，这些企业主要依赖技术人员的贡献才得以发展，因此此类企业应优待以实际技术参与生产的员工，对于从事单纯的文书类、行政类工作的员工，薪酬可以稍微低一些，以此来体现技术岗位的价值，使技术人员能够专心从事生产工作。企业还需要根据员工个人发展的需要，细化各种薪酬标准，使员工获得更多激励，不断优化薪酬体系。

3.制定合适的薪酬规则

企业一般根据员工的劳动效率为员工支付工资，因此劳动效率的衡量标准很重要。具体来说，企业根据员工的实际贡献来确定薪资待遇的高低，以确保薪资上的公平，从而调动员工的工作积极性。例如，对于技术岗员工来说，一般以技能作为员工工资支付的基础，这种薪酬体系没有等级差异，是根据员工自身能力决定的，能激励员工不断提高自身的技术水平。

企业可以在薪酬规则基础上建立配套的奖惩机制来配合薪酬制度的运行，

一方面用于规范人力资源管理，利用奖惩机制调整员工薪酬，引导员工树立安全意识，增强管理效果；另一方面则是明确奖惩规则，突出责任管理，形成企业内部多部门联动的工作与管理模式，使企业整体生产经营效率得到提升。

4.薪酬管理方法与信息化接轨

在信息化时代，企业必须适应时代潮流，对薪酬管理方法进行变革和创新，可以引进新的计算机网络技术，进一步提高企业薪酬管理效率。例如，将薪酬管理纳入网络管理系统，企业管理者可根据企业员工的具体表现，适时提交员工薪资建议。如果员工在日常的工作中总是出现错误，企业管理者就可以提出扣罚建议，并提交相应的证明材料；当员工在工作中作出重大贡献时，企业管理者也可以提出奖励建议。

5.完善薪酬增长机制

在薪酬管理过程中，企业应该科学把控员工工资增长率。一方面，企业要考虑货币资金的实际购买力会随着社会发展发生变化；另一方面，企业要考虑员工的实际工作量会发生变动。企业制定一个合理的薪资调整标准，随着企业内外部因素的变化，不断调整企业员工的薪资待遇，能够使员工的薪资水平时刻与市场的发展水平、货币资金的购买力和员工生活实际需要保持一致，从而确保企业员工薪资待遇的合理性。

6.建立薪酬沟通渠道

在创新企业薪酬管理机制的同时，企业还应该建立科学合理的薪酬沟通渠道，以便企业管理者及时了解员工的情况。首先，企业要建立员工自我反馈渠道。当员工觉得薪资待遇和自己的劳动付出成果不匹配时，就可以通过这一员工反馈渠道向上级领导反映相关信息，提交相应的证明材料，提出相应的要求。其次，开放员工互相反馈渠道，当员工觉得薪资待遇不公平时，可以通过这一渠道进行反馈，企业管理者应当及时回复并告知员工原因，避免员工因心理不平衡导致工作积极性降低，影响到企业的可持续发展。

7.引入适当的薪酬管理模式与方法

首先，薪酬管理人员要对企业的人力资源结构、人力资源管理制度、薪酬管理机制等问题有深刻的认识，并在此基础上确定管理目标、管理内容等。其次，根据管理目标、管理内容，采用不同的薪酬管理方式，以解决现有的管理问题，并优化薪酬管理机制，以充分发挥薪酬管理在人力资源配置与管理中的作用。最后，企业要引入各类先进的薪酬管理模式与方法，让员工有更多的发展空间，以激发员工的工作热情。例如，对在管理岗位上工作表现优秀的员工，企业除了支付职务报酬和日常生活补贴等奖励，还可以提升其职级。

做好薪酬管理，不仅能节约企业经营成本，还能吸引更多优秀人才，对企业发展产生长远的积极影响。同时，企业薪酬制度运用得好，能激发员工日常工作的积极性，减少社会负面影响，从而形成更强的品牌效应。

四、完善绩效管理机制

首先，企业应根据组织发展的战略目标、员工自身的能力和各岗位的实际要求，确定对应的绩效考核指标，加强对员工的绩效考核，提高绩效考核结果的应用价值，为人力资源管理方法创新奠定坚实的基础。其次，企业要将绩效管理措施与各项人力资源管理措施有效衔接起来，使企业人力资源管理系统化。在绩效管理过程中，企业应确保工作环境公平、公正、公开，使每个员工都能积极参与工作，使绩效管理能够落到实处。

五、完善人才激励机制

在新时代背景下，最具竞争力的企业管理模式必然是合作模式。合理高效的人力资源管理体系需要围绕企业的整体目标来构建，注重企业内部的团结，从以个人考评为主逐渐转变为以团队绩效考评为主，创造一个相互合作、共同发展的良性竞争环境。与此同时，还要形成不同维度的考评体系，以员工价值为核心，激发不同岗位、不同层次员工的潜能。同时，为了加强对专业人才的培养，在对员工进行激励的过程中，企业不仅要确保激励的公平性和公正性，突出对业务能力强的员工的激励，还要根据员工的实际表现和业绩情况，进行有针对性的激励，要采用物质激励和精神激励相结合的方式，实现对员工的全方位激励，提升员工工作的积极性和主动性。

六、提高人力资源管理从业人员专业素养

为了实现企业人力资源管理的良性发展，企业需要更多更专业化的人力资源管理从业者的帮助。只有提高人力资源管理从业人员专业素养，才能确保企业在新时代背景下保持较强的竞争力，更好地促进企业的可持续发展。专业化的人力资源管理从业者能结合最新的数据来调整企业的发展路线，帮助企业更好地开展人力资源管理工作；能根据市场发展的变化对人力资源战略路线进行相应的调整，确保企业的发展路线不会偏离市场的要求，使企业保持健康发展。因此，在新时代背景下，企业要对人力资源管理从业者提出更高的要求，全面提高人力资源管理从业人员的综合素质。

七、调整企业的未来发展战略

随着大环境的变化，企业要根据时代发展的新要求，摒弃传统发展观念中不合时宜的部分，引进先进的发展理念，结合新的发展模式，不断调整自身的发展战略，巩固企业发展的根基，否则，企业的人力资源管理发展方向将会变得十分模糊。此外，企业在推行人力资源管理改革的过程中，不可避免地会损害某些人的利益，可能会遭到利益相关者的反对，这就需要企业在人力资源管理方面做好长期规划、系统策划，以更好地促进企业人力资源管理的创新。

总而言之,在新时代背景下,市场竞争将越来越激烈,人才将变得更加重要,人力资源管理工作将变得更加复杂。面对机会和挑战并存的局面,企业要不断把握新时代的发展要求,明确人力资源管理对企业发展的重要意义,做好人力资源战略规划,重视企业人才管理,不断创新人力资源管理工作,使人力资源管理工作不断向高质量和专业化的方向发展,这样才能更好地促进企业的可持续发展。

第四节　人力资源管理新理念：柔性人力资源管理

在企业发展过程中,柔性人力资源管理能帮助企业充分发挥知识资本的积极作用,并借助技术开发、员工培训等方式,进一步提升企业内部员工的专业技术水平,丰富员工的专业知识,从而确保企业高效率地处理在发展过程中遇到的各种难题。因此,在企业人力资源管理创新活动中,有必要深入研究柔性人力资源管理的积极作用,从而推动企业健康发展。

一、柔性人力资源管理的重要意义

（一）对企业技术创新具有正向作用

柔性人力资源管理对企业技术创新具有正向作用,能为企业的技术创新提供一定动力。

首先,柔性人力资源管理能帮助企业合理调配员工,提升员工与岗位的匹配度，促使员工充分利用自身知识开展工作，提高员工的知识利用率和专业技术能力，为企业的技术创新提供人才支持，提高企业的创新水平。

其次，企业在人力资源管理活动中，会采取一系列的管理措施，如轮岗、内部培训等，使员工对不同的工作内容有一定的了解，拓宽员工的知识面，为员工创造认识其他同事的机会，提升员工的合作意识，为员工知识体系的完善提供一定的平台，为其提供一定的学习机会，使其视野不再局限于本部门，从而推动企业技术创新。

最后，企业开展对人员的调配活动，可以有效提高员工的工作效率，增加员工的交流活动，提升员工的信息共享效率，有利于员工对相关信息及知识进行转化，提升组织内部的知识整合度，为企业技术创新奠定基础。

（二）促进人力资源管理与企业的协同发展

首先，人力资源是企业中最重要的资源，也是企业的价值所在。企业通过组织各种类型的培训，可以挖掘员工的潜能，提升其技能水平，优化其知识体系。在此过程中，部分企业通过轮岗的方式帮助员工拓宽知识面，推动全能型人才的培养。从中可以看出，柔性人力资源管理可以为企业的发展贡献力量。

其次，员工在进行技术创新时需要不断学习，保证技术创新的基础稳定。而企业发展主要体现在员工的学习效果方面，即员工学习能力是否提升、员工学习机会是否增加等。因此，企业应为员工提供更多的培训机会，使其通过自我学习及相互学习不断完善自身的知识体系，提高员工的学习能力，使其为组织贡献更多的力量。

最后，企业技术的创新离不开对各项资源的有效整合，企业的资源整合能力决定了企业技术创新的水平。人力资源管理部门不断组织员工开展各项具有挑战性的活动，有利于员工加深对各个领域知识的了解，进而提高技术创新的水平，推动企业的创新发展。

（三）提高企业的动态能力

企业开展柔性人力资源管理有利于其有效应对外界变化，对企业的发展具有促进作用，能提高企业的动态能力，进而提高企业的竞争优势。

柔性人力资源管理对企业动态能力的影响主要体现在以下几个方面：

1.人才储备与培养

柔性人力资源管理能帮助企业管理者根据企业发展的需要，灵活调整人力资源配置，确保企业在面对新技术发展要求时，有足够的人才储备和快速响应的人才培养机制，从而提高企业的创新能力。

2.增强企业的适应性和灵活性

（1）快速响应市场变化

柔性人力资源管理具有高度的灵活性和适应性，能帮助企业管理者迅速调整人力资源管理措施，以应对企业外部环境的变化，从而帮助企业迅速抓住市场机遇，应对市场挑战，在竞争中保持优势。

（2）优化资源配置

通过柔性人力资源管理，企业可以更加高效地利用现有人力资源，实现人岗匹配、人与团队匹配、人与组织匹配，从而提高资源配置的效率。

3.促进企业的持续稳定发展

（1）战略规划与动态能力的协调

柔性人力资源管理有助于企业在错综复杂的环境中保持整体战略规划与动态能力的有机契合和相互协调，确保企业能够持续稳定发展。这种协调作用使企业能够灵活应对各种不确定性因素，保持竞争优势。

（2）构建学习型组织

柔性人力资源管理要求企业建立学习型组织，通过员工之间的不断学习和知识共享，丰富员工的知识，提高员工的技能水平。构建学习型组织有助于企业员工不断吸收新知识、新技术和新理念，从而保持企业的竞争力和活力。

二、柔性人力资源管理的落实策略

柔性人力资源管理的有效落实，要求企业从员工招聘、培训与发展的角度出发，利用不同的人力资源管理模式，为企业员工提供更好的工作环境。从实际情况来看，在招聘员工时，需要从企业未来发展规划的角度出发，对招聘条件等进行综合分析，确保企业招聘的员工具备较高的专业素质、工作能力，以及丰富的工作经验。企业还需要根据行业市场变化，对员工进行考核。在员工正式上岗后，企业需要对员工进行专门的培训。例如，企业需要定期举办专家座谈会，为员工讲解最新的专业知识，确保员工接触到新理论和新知识。此外，企业还可以利用轮岗制度，让企业内部员工对不同岗位的工作内容、岗位要求等有所了解，提高员工的从业能力。

（一）完善动态能力培育制度

从人力资源管理方面来看，柔性人力资源管理不仅能够发挥出自身的积极作用，还能够促进企业管理制度的变革，提高企业的动态组织能力。企业在长期的发展过程中，要根据行业发展趋势、市场变化和企业实际发展情况来制定发展规划，从多方面考量管理制度，以不断提升自身的市场竞争力。企业要想进行柔性人力资源管理，还需要对企业内部现行的价值体系进行优化。在企业的不同发展阶段，动态能力价值体系的内容也有很大的不同。因此，要注重整合企业的内部资源和外部资源，促进企业全面发展。

（二）树立以人为本的管理理念

1.强调人性化管理

柔性人力资源管理强调以人为中心，尊重员工。企业管理者应树立以人为本的管理理念，将员工视为企业最宝贵的资源，关注员工的需求，激发员工的潜能和创造力。

2.倡导民主管理

鼓励员工参与企业的生产管理活动,让员工有更多参与管理决策的机会,增强员工的归属感和责任感。通过民主管理,促进基层员工与管理者之间的沟通和交流,营造良好的工作氛围。

(三)提高人力资源管理者的素质与能力

1.提升专业水平

人力资源管理者应具备丰富的管理知识和较高的管理才能,以及高超的管理技巧。他们需要熟悉企业的组织结构、运作模式和业务内容,以便更好地进行人力资源配置和管理。

2.增强责任心

人力资源管理者应具备培养人、科学用人、激励人的责任心,为企业的长远利益着想,积极推动柔性人力资源管理的落实。

(四)建立柔性化的组织结构

1.建立扁平化组织结构

传统的金字塔形组织结构层次过多,信息传递效率低。柔性人力资源管理要求企业建立较少层次的网络型扁平化组织结构,提高信息传递效率,加强部门之间的沟通。

2.灵活调整组织结构

企业应根据外部环境的变化和内部发展的需要,灵活调整组织结构,增强组织结构的适应性和灵活性。

(五)实施个性化的员工培训与发展

1.满足员工个体的成长需求

在传统的企业培训中,员工培训课程内容雷同,不能满足员工个体的成长需要。柔性人力资源管理要求企业根据员工的个人兴趣、能力和发展需求，提供个性化的培训和发展机会。

  2.重视员工思想道德建设

在培训过程中，管理者不仅要注重提升员工的专业技能水平，还要重视员工的思想道德建设，培养员工的职业素养和团队合作精神。

（六）构建柔性化的激励机制

  1.采取多样化的激励方式

企业应综合运用物质激励、精神激励等激励方式，根据员工的不同需求和特点，提供多样化的激励方式，如提成奖励、晋升奖励等。

  2.建立公平合理的业绩评估体系

企业应建立公平合理的业绩评估体系，将员工的实际业绩和思想状况纳入评估范围，确保评估结果的公正性和准确性。此外，企业还应及时向员工反馈评估结果，帮助员工了解自己的优缺点，激励员工不断进步。

（七）营造优良的企业文化氛围

  1.尊重员工价值

柔性人力资源管理要求企业尊重员工的价值，关注员工的精神文化需求。企业应通过丰富多彩的企业文化活动，丰富员工的精神文化生活，增强员工的归属感和认同感。

  2.强化企业凝聚力

企业应通过企业文化建设，增强企业的凝聚力和向心力，使员工更加紧密地团结在一起，共同为企业的发展贡献力量。

综上所述，柔性人力资源管理的有效落实，需要从动态能力培育、管理理念、管理者素质、组织结构、员工培训、激励机制和企业文化氛围等多个方面入手，全面提高企业的人力资源管理水平。

第七章 创新导向的人力资源管理体系构建——基于 AMO 理论

第一节 AMO 理论及创新导向的人力资源管理

一、AMO 理论

(一) AMO 理论的提出

18 世纪以来，人力资源管理对企业的重要性不断得到验证。人力资源管理完成了从低层次的管理和维护职能到高层次的企业核心业务和战略运作职能的转变，通过优化人力资源管理来提高员工绩效，从而提高组织绩效，成为现代企业成功的关键。那么，哪些因素会影响员工的绩效？什么样的人力资源管理才能提高组织绩效？众多学者以诸多变量，如工作满意度、工作态度、动机、领导力、团队互动程度和组织设计效果等为基础进行了大量的研究。

弗鲁姆将众多因素整合起来对组织绩效进行探究，最终在其著作《工作与激励》中提出了著名的"期望理论"，即动机和能力是决定员工绩效的重要因素，然而此研究忽略了外在环境因素对绩效产生的影响。为了解决这一问题，20 世纪 70 年代中后期，有研究者将"机会"作为影响组织绩效的另外一个因素纳入了研究，并最终构建了由能容、意愿和机会组成的绩效管理体系。其中，能容包括广泛的个体能力、知识、技能、年龄、教育水平等；意愿包括动机、工作满意度、态度、价值观等；机会包括工作条件、工作工具、领导行为、组织政策、信息、时间等。三个变量相互作用，缺一不可，任何一个维度的价值变化都会影响整个绩效体系。

同时，有学者将整个组织作为研究主体，对影响组织绩效的因素进行了系统研究，认为由一系列最佳人力资源管理实践组合而成的工作系统才有利于企业绩效的提升，并将最佳人力资源管理实践的组合定义为高绩效工作系统。结合高绩效工作系统的定义，相关学者提出了 AMO 理论，将高绩效工作系统划分成三个部分：能给员工提供实质性决策机会的工作结构、增加员工需要具备的专业技能和知识、诱发员工提升能力和工作积极性的激励结构。

（二）AMO 理论的作用机制

AMO 理论以高绩效为目标，从三个维度——员工的能力（Ability）、动机（Motivation）和机会（Opportunity）介绍了人力资源管理的结构，揭示了人力资源管理实践影响组织绩效的作用机制。能力维度多指员工的知识、技能、能力，与之对应的人力资源管理实践表现为岗位设计、人员招聘、员工培训等。动机维度侧重的是员工的工作意愿，常从提升员工内部驱动力和进行外部激励两个方面来进行，在人力资源管理实践中表现为绩效考核、薪资调整、职位晋升、员工福利发放、企业身份认同、领导反馈、组织文化构建等。机会维度主要包括工作设计和赋权，在人力资源管理实践中通常表现为跨部门沟通和团队合作、权力下放、基础设施及物资供应等。

AMO 理论自提出以来得到了诸多学者的认同和实证结果的验证支持。AMO 理论同时也被广泛地应用于企业的人力资源管理实践。近些年，随着经济的快速发展和技术的变革，组织创新成为企业获得竞争优势的关键因素，AMO 理论作为高绩效工作系统的理论基础，也被用于企业的人力资源管理创新，以提高组织的绩效，目前不少企业尤其是高新技术企业已经将 AMO 理论应用到人力资源管理工作中。

二、创新导向的人力资源管理的内涵

人力资源管理对企业发展具有重要作用已经成为人们的共识，然而从人力资源管理到战略人力资源管理，再到创新导向人力资源管理，经历了一个漫长的演变过程。现代管理学之父德鲁克（P. F. Drucker）在其撰写的《管理的实践》一书中第一次正式提出了"人力资源"的概念。他认为，人力资源的独特性表现为协调能力、融合能力、判断力和想象力。自此，这个概念在西方迅速得到广泛传播。

20 世纪 80 年代，人力资源管理与企业被紧密地联系了起来，人力资源管理对企业的影响和重要性也逐步得到了验证。哈佛商学院教授比尔（M. Beer）在其出版的著作《管理人力资本》中，首次对人力资源管理框架进行了系统的构建，包含企业与雇员的关系管理、雇员工作效率的测评、激励与报酬方法、工作管理体系等，并展示了如何使人力资源管理成为企业整体战略的一个组成部分，为战略人力资源管理的应用和实践奠定了坚实的基础。

21 世纪以来，诸多企业开始将战略人力资源管理运用到企业管理中，在学术界，研究者也纷纷开始研究战略人力资源管理对企业的影响。有研究者认为，战略人力资源管理是企业为实现战略目标所采取的具有战略意义的人力资源管理行为。随着工业改革的推进和经济的快速发展，为应对日益激烈的竞争形势，人力资源管理创新逐渐成为企业的核心战略，传统的人力资源管理面临着再度改革的局面，创新导向的人力资源管理理念由此诞生，越来越多的学者投身于创新导向的人力资源管理的研究中。

在对创新导向的人力资源管理的不断研究中，我国诸多学者对创新导向的人力资源管理进行了阐述，诸多学者尝试从不同视角或者不同着力点对其进行定义，其中具有代表性的定义为：创新导向的人力资源管理实时系统，是指与组织的目标保持一致，有助于提升创新能力、激发创新动机和提供创新机会，从而实现组织创新的人力资源管理实践活动组成的系统。

综上所述，笔者将创新导向的人力资源管理的概念理解为：以创新为导向的，有助于提高员工创新能力、激发员工创新动机，能够给员工提供创新机会，从而实现组织创新目标的人力资源管理实践活动组成的系统。

第二节 创新导向的人力资源管理体系构建的意义、方法及挑战

一、创新导向的人力资源管理体系构建的意义

构建创新导向的人力资源管理体系对企业的发展至关重要。

首先，构建创新导向的人力资源管理体系有助于企业吸引和留住优秀人才。现代人力资源管理已不再只是简单的员工招聘与培训工作，还要为员工提供一个充满挑战和机会的发展平台。只有给予员工充分的自由度和决策权，才能激发他们的创造力，从而使企业保持竞争优势。

其次，构建创新导向的人力资源管理体系可以提升员工的满意度和忠诚度。当员工感受到企业对其价值的认可时，他们会更积极投入工作并主动为企业创造价值。而传统的人力资源管理体系过于强调层级和流程，缺乏灵活性，往往无法满足员工的个性化需求。

最后，构建创新导向的人力资源管理体系可以推动组织的创新和变革。人力资源管理部门负责企业的人员配置和培养，因此在推动企业创新和变革方面

发挥着关键作用。通过培养具有创新思维和实践能力的人才，企业能够更好地适应外部环境的变化，提高自身的创新能力和竞争力。

二、创新导向的人力资源管理体系构建的方法

构建创新导向的人力资源管理体系，关键在于转变观念，采取相应的管理手段。

首先，人力资源管理者需要改变传统的"控制者"的角色。传统的人力资源管理者往往注重对员工的监督和管控，但在创新导向的人力资源管理体系中，人力资源管理者应通过激励和引导员工进行自主创新的方式来实现企业管理目标。

其次，人力资源管理者需要重视员工发展的个性化需求。在传统的人力资源管理中，人员发展往往是按培训计划来进行的，而在创新导向的人力资源管理体系中，企业应更加注重员工的兴趣和能力，提供更加灵活的培养计划和更多的发展机会。

最后，人力资源管理者还可以通过引进新技术和新工具的方式来构建创新导向的人力资源管理体系。例如，引进"云计算"和大数据技术，可以更好地管理和分析员工的绩效数据，为员工提供个性化的职业发展建议；也可以引进人工智能技术，提高招聘和培训员工的效率，为员工带来更好的体验。

三、创新导向的人力资源管理体系构建的挑战

构建创新导向的人力资源管理体系面临着以下挑战：

首先是管理变革的挑战。员工和管理者对于管理模式的变革可能存在抵触情绪，因此企业人力资源管理者需要提前做好沟通和培训工作，帮助员工适应

新的管理模式。

其次是技术与人文的平衡。虽然引入新技术可以提高管理效率，但过分依赖技术可能导致管理过于冷漠和机械化。因此，人力资源管理者需要在技术和人文关怀之间找到平衡点，既要充分利用技术手段，又要关注员工的情感需求。

最后是管理者的能力和思维转变。要推动创新导向的人力资源管理体系的构建，人力资源管理者需要具备创新思维和管理能力，并具备跨学科的知识和视野。只有这样，才能更好地应对复杂多变的环境给人力资源管理带来的挑战。

总之，构建创新导向的人力资源管理体系对企业而言具有重要意义，比如帮助企业管理者转变管理观念、采取相应的管理方法，从而吸引和留住优秀人才，提升员工的满意度和忠诚度，推动人力资源管理变革。然而，构建创新导向的人力资源管理体系并非易事，人力资源管理者需要具备创新思维、管理能力和跨学科的知识，才能推动人力资源管理创新。

第三节　创新导向的人力资源管理体系构建的内容

一、A——创新能力模块体系的构建

根据 AMO 理论，人力资源管理实践可以通过岗位设计、甄选与招聘、培训开发等管理手段为组织选取能够满足组织要求的人才，并使个体拥有能够完成组织设定的目标所需要的能力。因此，本部分主要从岗位设计、招聘与甄选、培训开发等方面进行创新导向的人力资源管理能力模块体系的构建。

（一）岗位设计：明确本岗位对创新知识和创新技能的要求

员工只有具备了进行创新所需要的相关知识和创新技能，才能在遇到问题时提出解决方案或在开发设计时创造出新的产品。创新不能局限于产品创新，而应对整个价值链，包含工艺流程、管理模式等，都进行创新，可见创新并不仅仅是技术研发人员的工作职责，每一个工作岗位都能产生创新成果，每一个员工的创新成果都能对组织的创新绩效产生直接或者间接的影响。因此，针对价值链上的所有职能岗位，除要求员工具备岗位业务相关的知识和技能外，企业还要将具备创新知识和创新技能添加到每一个岗位工作要求中，明确阐述本岗位员工所需的创新知识和创新技能。

同时，在进行岗位工作设计时，除了明确对创新知识和创新能力进行标识之外，还应根据不同岗位对创新绩效的要求，对创新知识、创新技能、业务相关的知识和技能进行优先级排序。例如，对于核心技术岗位，企业应将创新知识和创新技能作为胜任岗位工作的首要条件。另外，在职责上应给予员工更多的自主权，以确保员工有更大的创新空间。

（二）招聘与甄选：优先录取具有创新知识和创新能力的人才

西方学者早在19世纪80年代就针对人才招聘对创新的影响机制开展了相关研究。在战略人力资源管理体系的研究中，研究者强调通过内部招聘等人力资源管理实践来促进创新。在进行人才甄选时，注重候选人的学习能力和发展潜力的人力资源管理实践，更有利于企业实现长期创新和收入的增加。我国学者也在20世纪相继开展了人才招聘对员工创新行为影响的研究。

有研究者以146家企业为样本，在对它们进行研究后发现，在人才招聘时注重考察人才的创新创造能力的企业，往往能够产出更多的创新成果。例如，华为在引进人才时将人才的创新能力作为重点考察因素，目前，华为所拥有的专利数量位居世界前列。如果在进行人才招聘和甄选时仅根据岗位职责的要求进行筛选,并没有对候选人的创新知识和创新能力进行评估,将不利于企业的可持续性创新。结合实际情况,企业在招聘时应同时考虑岗位职责和候选人的创新知识、创新技能,优先考虑录取具备学习能力和创新精神的候选人。

(三)培训开发:着重培养员工的创新能力

创新导向的人力资源培训开发体系应注重丰富员工的创新知识,提高员工的创新能力。企业以提高员工解决问题的能力为目的的培训对产品创新非常重要。然而,现行的人力资源培训开发体系注重实现本职工作目标,没有针对创新知识和技能的培训,且缺乏完整的培训机制。

企业应以现有的培训政策为基础,以企业的创新战略为导向,构建创新导向的人力资源培训开发体系。

首先,根据创新战略对岗位的要求,结合员工的创新绩效情况进行培训需求分析,为员工提供能够丰富创新知识和提高创新能力的培训,对核心技术人员应提供专属培训。目前,很多企业的培训大多只关注岗位短期目标,根据岗位绩效查漏补缺,不具有前瞻性。

其次,创新知识和技能的培训开发应通过分析团队、个体的需求来确定培训内容、培训形式。培训内容和形式要多样化,既可以是创新知识的培训,也可以是创新方法的培训;既可以是内部的培训,也可以是外部的培训;既可以是线下的培训,也可以是线上的培训。培训之后要进行总结和反馈,并将培训结果与员工的创新绩效挂钩。

最后,加强企业的跨部门交互培训。培训不应当只在部门内部开展,团队之间的交互培训能够促进知识的流动和共享,在组织中形成创新文化氛围。

二、M——创新动机模块体系的构建

（一）绩效管理：制定创新绩效考核管理办法

明确各个岗位的各项工作指标和考核办法，有助于对工作效率和财务指标进行考核。这种考核办法具有具体化、可衡量、现实性、结果导向等特点，但更关注企业的短期目标，且这种考核办法最大的特点是将考核指标量化，以便进行跟踪和控制。

相关研究者对生产制造业中产品和服务的计划与交付的关键指标进行了研究，也曾得出了类似的结论。他们认为，商业环境下的 KPI（关键绩效指标）大多是定量信息，它说明了企业的结构和流程。这种量化的考核制度非常适合价值创造周期短、重复性强的生产一线或行政服务岗位的绩效管理，而与创造创新密切相关的岗位的价值创造周期长、结果难以量化。同时，多数岗位的 KPI 都是为了达到团队绩效指标而制定的个人绩效指标，针对员工个体成长的指标却很少。更重要的是，在除技术人员的其他岗位员工的绩效考核中很少进行创新指标考核，并不利于员工进行创新。

笔者在实证研究中发现，企业对员工的创新绩效进行考核能够促使员工更积极地参与到创新活动中，并促进企业创新。可见，创新绩效考核的实施是企业通过人力资源管理实践实现创新的重要手段。

企业在制定创新绩效考核管理办法时可从以下方面着手：首先，制定定量创新指标。创新可分为技术创新和管理创新，其中技术创新包括新技术、新产品和新服务，管理创新包括新的程序、新的政策和新的组织管理形式等。其次，制定定性创新指标。定性创新指标往往指主观性较强且对创新起到关键作用的指标，包括团队合作度、创新参与度等，其中团队合作是创新的基础。最后，有些创新从想法的产生到实验再到成果认证的周期很长，有些创新则是对现有的产品或者流程进行改进，容易落地，周期较短，为增强员工的创新积极性，激发员工的创新动机，创新绩效考核的周期应分为短期和长期两种。

（二）薪酬激励：增设创新专项奖励机制

良好的薪酬和激励机制能够使员工的创新行为得到肯定，促进员工持续进行创新，这在学术界已经得到验证。员工在得到奖励后更愿意承担风险，开展更多的创新活动。研究表明，在企业中实施奖励制度能够正向促进技术创新。根据创新绩效对个人和团队进行奖励，能够保证奖励的公平性和竞争性，并促使员工进行持续性创新。根据员工为组织创造的贡献大小进行奖励，能够促使企业进行新产品开发。

企业在对员工进行薪酬激励时要注意以下几点：

首先，根据企业长期创新战略制定团队和个人创新目标，并设定明确的考核标准。其次，采取公平且具有竞争性的奖励措施，根据员工的贡献大小对员工进行奖励，奖励可以是物质奖励或非物质奖励，非物质奖励如荣誉奖励、晋升机会、培训机会、其他福利等，也可以采取为核心员工提供股权等奖励措施。最后，根据创新周期设定奖励周期，定期根据创新绩效进行奖励。一般创新项目可根据项目给企业带来的效益进行即期奖励，形成科技成果并转化为企业收益的重大创新项目可适当采取给予项目收益分红、股权奖励、职位晋升机会等长期奖励，以期留住核心技术骨干员工，保证企业研发团队的稳定性。

（三）晋升与发展：将创新绩效纳入晋升评估与发展规划

企业良好的晋升机制与职业发展规划能够给员工带来更多的发展机会，使得员工有足够的动力去实现个人的成长和进步，进而实现个人和组织的既定目标。目前，许多企业过度关注业务绩效，而对员工的学习能力、创新能力的关注度不够，并且，企业创新绩效仅在技术部门职员晋升的考核中占比较大，其他部门在员工晋升评估时并不对创新绩效进行重点评估，这也使得员工对职业发展体系的满意度并不高。对此，企业应进一步优化员工晋升机制，根据不同岗位对创新绩效的要求，将创新绩效考核的结果纳入晋升评估系统，将具有创新能力和创新意愿的员工优先作为晋升的候选人。

创新不是偶然的，它是以长期的知识积累为基础的，因此企业在为员工作职业发展规划时应充分考虑岗位对员工创新知识、创新能力的需求，制定能够提升员工创造力的长期发展策略。目前，许多企业虽然设有轮岗制度，但并没有对员工提供明确的轮岗指导，这在很大程度上影响了员工潜能的发挥，制约了协同合作创新的发展。因此，为增加员工的轮岗机会、挖掘员工的工作潜力、提升员工的职业成就感和创新积极性，企业应加大对各个价值链上岗位的交互培训，为员工尤其是复合型创新人才提供轮岗历练或跨部门工作的机会，建立横向转换通道，促进人才的内部流动，从而拓宽员工的职业发展渠道，同时促进员工的可持续创新。

三、O——创新机会模块体系的构建

员工创新能力的高低往往取决于组织给员工提供的创新空间的大小。企业允许员工在创新过程中犯错误，鼓励员工承担风险进行创新，能够促进企业员工创新。一些企业对鼓励员工承担风险进行创新的意愿较低，员工没有权限参与重大创新决策，这会导致整个企业的创新氛围较差，员工自我创新的效能感不强烈。目前，许多企业的人力资源管理体系在员工创新机会模块存在诸多问题，主要体现在员工参与创新决策的机会较少、组织创新氛围不高等，结合实际情况，本节主要从领导授权赋能、营造创新氛围等方面进行创新机会模块体系的构建。

（一）领导授权赋能：鼓励员工承担风险、参与决策

员工拥有专业的技术和才能，对自己的工作往往更为了解。创新导向的人力资源管理体系允许员工参与企业的决策，这有助于员工获得激励，增强员工

的自信心。目前，已有诸多学者研究了领导授权赋能对员工创新绩效的影响。其中，有研究者在对员工与领导配对数据样本进行层次回归分析后得出结论：领导授权赋能程度与员工绩效创新效果呈正相关。研究显示，员工在创新过程中会受到权力的限制，虽然大多数员工都有发声渠道，但却少有参与创新决策的机会，这在很大程度上影响了员工创新的信心，降低了员工的创新效能感。

随着信息时代的到来，人们的生产和生活发生了巨大的变化，企业员工正从"服从组织安排"向"培养自我意识、创新意识"转变。从人员结构上看，大多数企业的员工年龄低于 40 岁，人员结构趋于年轻化，同时，企业的核心战略为技术创新，这使得员工渴望获得更多的工作自主权，以支持其开展创新活动。因此，笔者建议企业通过领导授权赋能，给员工更大的创新空间，鼓励员工勇于承担风险、进行创新，同时在工作上给员工更多的创新机会，提供必要的支持，推动创新活动的开展。

（二）营造创新氛围：打造互动平台，整合团队资源

营造创新氛围对企业创新的正面作用已经得到诸多学者的验证。可通过打造创新互动平台、鼓励团队合作等手段来营造创新氛围。组织中个体的创新行为和组织环境有着密切的联系，组织创新氛围作为环境因素中重要的情景变量，其作用在于让个体感知创新环境，从而影响个体的创新行为。

组织的每一次创新尤其是具有重大意义的技术创新从来不是某个个体"单打独斗"完成的，它需要价值链上的各个团队相互支持、相互协作，是团队合作的成果。部门协作能够促进知识的跨部门分享，使员工更易获取完成任务所需的知识和支持，从而为员工提供更多的创新机会。员工之间的相互支持、鼓励与分享有助于营造创新氛围，而创新氛围又会促进创新行为的产生，从而形成一个良性循环，为企业的可持续创新提供保障。

第四节　创新导向的人力资源管理体系构建的保障措施

一、组织层面的保障措施

笔者通过分析发现，员工所在企业的创新机会越多，创新氛围越好，员工表现出的创新绩效水平就越高。人力资源管理者在人力资源管理实践中，不但要重视增加员工的创新知识、培养员工的创新能力，更应在企业内部营造创新氛围，为员工提供更多的创新机会。

（一）构建正向容错机制，营造容错氛围

由于创新是对未知事物的探索或是对现有事物新功能的挖掘，其本身具有不确定性，而不确定性使得创新行为不可避免地会出现失误。组织容错氛围作为组织的一项关键资源，能够为在创新过程中出现失误的员工提供支持，使其重拾创新的信心，同时也可以让组织的其他成员得到心理暗示——组织是支持创新活动的。另外，组织包容员工的失误也可以使出现失误的员工吸取教训，探索改进方法，进而在组织中形成更好的创新氛围。

笔者在对某企业近 200 名一线员工进行调查后发现，组织容错氛围对员工的创新行为有着促进作用。组织包容员工的失误，能鼓励员工勇于承担创新风险，员工将获得更大的创新空间，因此员工的创新意愿会更加强烈，这能使更多的员工参与到创新活动中，形成人人参与、人人创新的氛围。营造组织容错氛围也有利于团队合作，能促使员工通过经验共享、团队协作来实践新想法、新观点。

（二）打造组织创新文化

组织文化无疑对组织成员的行为有着巨大的影响，在组织中打造创新文化有助于组织成员创新意识和创新行为的产生，这一观点得到了诸多学者的认可。有研究者在对 64 家企业的人力资源管理战略、创新氛围和员工创新行为进行跨层次分析后得出结论，组织创新文化作为中介变量，能通过战略人力资源管理对员工的创新行为产生积极的影响。

企业除构建创新导向的人力资源管理体系外，还应打造自上而下、由内而外的组织创新文化，鼓励员工积极主动地开展工作，让员工敢于挑战和冒险，倡导信任与开放的管理理念，重视员工的成长；还可通过一系列的措施使整个组织的成员参与到创新活动中，进而促进企业的可持续发展。

（三）构建灵活的组织架构，简化工作流程

从企业的价值链条可以看出，大部分企业的业务流程非常严谨，企业组织架构是典型的纵向直线管理架构，决策权力比较集中，这导致职能部门之间的协作和配合存在障碍，那些需要多部门协作的创新工作效率较低。笔者在对一些企业的调查中发现，有员工反馈多数创新决策需要领导的批准，员工在寻求其他部门的协助时也往往会遇到阻碍，或者存在等待时间较长的问题。为构建灵活、高效的组织架构，提高创新效率，企业需要对目前的组织架构进行优化，构建扁平化组织架构，打造交叉功能团队，尤其是对重大创新项目，可成立项目管理团队，简化工作流程，为员工创新提供有力的支持。

二、领导层面的保障措施

在信息化时代，生产和生活方式的改变使得企业员工在组织中扮演的角色逐渐发生转变，员工的思维正在从"服从命令"向"自我管理"转变。笔者在

研究中发现，企业管理者可以通过增强员工的心理认同感和自我效能感等管理手段来提高员工的创新绩效。本节将从创始人、高层管理者和中层管理者三个不同的角度，提出保障措施，以期促进企业的创新发展。

（一）创始人：传递创业者激情，激发员工的创新动力

创业者激情是创业者在创业活动中探索新方法、创建新企业时产生的强烈的积极情绪和自我认同感。在研究员工感知的创业者激情对员工创新行为的影响时笔者发现，员工感知的创业者激情对员工创新行为有显著的积极影响。创业者激情可以激发员工的创新效能感，提升员工的工作投入程度，进而促进员工开展创造性活动。创始人在组织内部应与员工就企业创新战略和发展愿景进行沟通，在组织外部应捕捉机会，通过外部资源与内部资源的结合，促进企业创新。

（二）高层管理者：领导赋权，打造互信的上下级关系

个体的创新是一个连续的过程，每一阶段都离不开组织或领导的支持。在创新过程中，领导可通过授权（尤其是对核心员工的授权）等方式，支持员工的创新活动。在新创意产生初期，领导授权能为员工提供一个自由表达的平台，增加了员工建言献策的机会，可以为员工创造一个有利于探索创新方案的工作环境，这种开放自由的氛围会深刻影响员工的创新意识；在创新的推动阶段，领导授权可以提高创新效率，加快创新成果的产出；在创新实践阶段，创新活动的开展需要更多的财力和物力等资源，领导授权能为创新活动的开展提供保障。同时，领导赋权能在领导与员工之间构建互信的上下级关系，有利于增强员工创新的信心，激发员工创新的动力。

（三）中层管理者：加强与员工的沟通，促进跨部门合作

中层管理者作为与基层员工关系最紧密的管理者，在创新导向的人力资源

管理体系落实过程中扮演着重要角色。中层管理者对员工在工作中产生的新的想法和创意的肯定和支持，有助于营造团队创新氛围。在日常工作中，中层管理者加强与员工的沟通，有助于提高创新效率。当员工的一些创新创造活动需要跨部门合作时，中层管理者要在第一时间帮助员工获取开展创新活动所需的外部支持，这将在提高创新效率的同时增强员工的创新积极性。

三、员工层面的保障措施

基于员工创新意愿不强、创新信心不足等一系列问题，企业应从员工层面有针对性地采取保障措施，即搭建高效的学习培训平台。员工可以将自己的新发现、新设计上传到学习平台，日常工作中的心得等亦可在平台上发布，与企业的其他员工进行分享。搭建新的培训平台，既可以激发员工对培训的兴趣，提升员工的参与度，又可以通过有效利用新平台，扩大培训的覆盖面，提高培训的效率，更能在整个企业中营造创新氛围。

四、政策层面的保障措施

当前，党和国家坚持把科技创新摆在国家发展全局的核心位置，对科技创新重视程度之高、出台政策密度之大、推动力度之强前所未有，形成从指导思想、战略部署到重大行动的完整体系，推动科技事业密集发力、加速跨越，实现了历史性、整体性、格局性重大变化。近些年，我国一些企业在国际市场上屡屡受挫。随后，国家陆续出台了对企业创新的各项扶持政策。国家对高科技创新经费的投入逐年增加。同时，国家在税收政策、平台建设、人才培养等各个方面都加大了对高科技创新企业的支持力度。

第八章 "互联网＋"背景下人力资源管理创新

第一节 "互联网＋"背景下人力资源管理概述

当前,互联网技术在各行各业得到了广泛应用,改变了人们的生产与生活方式。在"互联网＋"背景下,人们可以更快、更便捷地共享资源,这也为企业开展人力资源管理工作提供了帮助。在人力资源管理工作中,企业要充分发挥互联网技术的优势,不断完善管理理念、管理模式和管理手段。在此基础上,全面提高人力资源管理工作的整体水平,更好地发挥人力资源管理的作用,促进企业的健康发展。

一、"互联网＋"的概念及主要特点

(一)"互联网＋"的概念

只有了解"互联网＋"的概念,才可以更科学地了解"互联网＋"背景下企业人力资源管理的重要价值,实现当代人力资源管理的优化与创新,进而推动企业的长远发展。

"互联网＋"就是将互联网与传统行业有效结合,但这一举措是一个极其

复杂的过程，并不是简单地将两者相加，而是在传统行业发展基础上，充分发挥现代通信技术和网络信息技术的优势，从而利用互联网发展传统行业，实现传统行业的现代化创新，推动企业与时代接轨。

传统企业在发展过程中，要不断融入现代互联网技术，找到传统行业和互联网的契合点，才能更好地发挥"互联网＋"技术的作用，推动企业的可持续发展。例如，就传统的银行业务办理工作来说，按照以往的工作模式，人们要亲自到相关网点进行办理，但是互联网技术的运用，使得人们可以在线上办理业务，提高了企业的办公效率。所以，企业要积极探索"互联网＋"技术的应用，为企业的发展带来便利。

（二）"互联网＋"的主要特点

1.跨界融合

"互联网＋"的核心是跨界融合，即将互联网的创新成果与经济、社会各领域进行深度融合，形成更广泛的以互联网为基础设施和实现工具的经济发展新形态。这种跨界融合不仅包括技术层面的融合，更包括思维、模式、业务等多方面的深度融合。跨界融合意味着打破传统行业的界限，通过互联网的连接作用，实现不同行业之间的资源共享、优势互补和协同创新。

2.创新驱动

"互联网＋"强调创新驱动，随着互联网的普及，"互联网＋"技术能够推动传统行业的转型升级和创新发展。这种创新不仅体现在产品和技术上，还体现在商业模式、组织模式、管理方式等多个方面。互联网以其独特的运作模式，为传统行业注入了新的活力，促进了整个社会的创新能力和生产力水平的提高。

3.重塑结构

"互联网＋"重塑了经济结构、社会结构、文化结构。随着"互联网＋"技术的发展，信息通信技术和互联网平台得到了广泛应用，打破了传统行业的边界，形成了新的产业生态和产业链。同时，"互联网＋"还促进了社会结构的扁平化和民主化，使得信息更加透明、决策更加科学、服务更加高效。

4.平台化交流

"互联网＋"将各个行业连接在一起，形成了庞大的平台网络。这些平台为不同企业、个体之间的信息、资源共享提供了便利条件，促进了行业之间、企业之间、人才之间的合作和交流。通过平台化交流，企业可以更加精准地了解市场需求和用户反馈，从而调整产品和服务策略；同时，消费者也可以更加便捷地获取信息和资源。

5.数据驱动

在"互联网＋"时代，数据成为重要的资源。互联网的普及和互联网技术的发展，使得各个行业积累了大量的数据资源。企业可以通过大数据分析技术对这些数据进行处理和分析，以获得精准的市场分析结果和决策支持。数据驱动不仅提高了企业的运营效率，还为用户提供了更加个性化、智能化的体验。

6.开放共享

"互联网＋"强调开放和共享。借助互联网平台，信息、知识、资源等得到了更加广泛的传播和共享。信息开放和资源共享不仅促进了社会各领域的协同发展，还提高了整个社会的创新能力。同时，"互联网＋"强调的开放和共享的理念，有利于社会公平的实现，使更多人享受到互联网带来的便利。

综上所述，"互联网＋"的主要特点包括跨界融合、创新驱动、重塑结构、平台化交流、数据驱动和开放共享等，这些特点共同构成了"互联网＋"的核心内涵。

二、"互联网＋"在人力资源管理中的作用

（一）构建规范化和集约化的人力资源管理系统

对于一个企业来说，人才是立业之本，因此人力资源管理部门在企业发展

中肩负着重要的责任。企业的人力资源管理工作十分复杂，涉及企业所有的部门和人员。以往的人力资源管理工作往往需要人力资源管理人员逐一完成，并且需要做好各个部门的沟通工作。在一些大型企业，人力资源管理工作需要耗费大量的人力和时间成本，不利于企业的高速发展。

"互联网＋"时代的到来，改变了传统的人力资源管理模式。企业可以利用信息技术和计算机设备构建人力资源信息化管理系统，通过该系统，人力资源管理部门能够对整个企业的人员数据信息进行统一管理，使人力资源管理工作流程更加简便，大大增强了人力资源管理工作的规范性，同时也促使人力资源管理实现规范化与集约化，对企业的发展具有重大意义。

（二）提高企业人力资源管理效率

对企业来说，人力资源管理工作内容繁杂，主要包括企业员工考勤、档案信息管理、绩效考核、员工招聘、员工培训、保险缴纳等工作，其中涉及大量的人员和部门。人力资源管理部门要想很好地完成人力资源管理工作，往往需要消耗很多时间。并且，工作人员面对庞大的数据信息难免会出现错误，给企业发展带来一定的影响。

在"互联网＋"背景下，企业为人力资源管理工作引入现代管理模式，改变了传统的人力资源管理方式。例如，在员工培训方面，传统管理模式下的员工培训都需要设置一个特定的时间和地点，将受训员工召集起来，并对其进行面授培训，而在"互联网＋"背景下，企业可进行线上培训，员工能够随时随地在网络允许的环境中参与培训活动，不但节省了企业的时间，同时也能更合理地安排员工的时间，使员工培训更加灵活，满足了更多人的需求。

（三）提高员工绩效考核结果的准确性与公平性

绩效考核是企业人力资源管理的重要内容。要想较好地反映企业员工发展状况和工作情况，满足交互式管理的需要，必须充分发挥互联网技术的作用。

企业人力资源管理者可构建基于互联网技术的系统平台，对绩效考核数据进行整合与处理，通过科学的分析手段，总结出具有参考性的绩效考核结果，并针对企业员工开展个性化设计，帮助企业员工实现自我价值。

借助互联网技术，企业管理人员还可以观察和了解企业员工的业务能力和工作态度，对企业人才进行综合评价，同时为企业人才的发展指明方向，提高企业员工的工作效率，从而有效推进企业员工的健康发展。另外，"互联网＋"在人力资源管理中的应用，还有利于保证员工绩效考核的公平性，减少主观评判带来的误差，为企业的重大人力决策提供支持，同时也可以让企业员工端正工作态度，提高企业员工的个人绩效水平，从根本上提高员工的工作效率，促进企业的发展。

三、"互联网＋"背景下人力资源管理的发展趋势

（一）大数据技术的广泛应用

在"互联网＋"背景下，企业要充分运用大数据技术，对人力资源管理模式进行创新与改革，要积极地建立相应的数据库，将员工的基本信息和业绩情况等纳入其中；要利用大数据技术分析、了解员工的工作状况，并且充分发挥数据管理平台的作用，实现各个部门信息的共享，这样才能更加高效地完成人力资源管理工作。不仅如此，企业还要借助大数据技术对员工的内部结构进行优化和完善。

（二）注重员工的个人价值

在"互联网＋"背景下，企业要充分发挥互联网技术的作用，进一步做好薪酬管理、员工招聘、员工培训与考核等各项工作，进一步优化与完善人力资源的管理流程。企业要充分重视员工的个人价值，激发其潜能，使企业具备更

强的生命力与活力；要充分发挥网络平台的作用，使管理者和员工进行良好的沟通与交流，更加快速、高效、准确地传递信息，使员工获得更多的话语权，有效地提升员工对企业的归属感和信任感，从而使得企业的各项生产经营活动顺利、高效地进行。

（三）优化人力资源管理模式

一般情况下，传统的企业人力资源管理工作采用的模式是：由管理人员发布命令，然后由相关部门与员工完成管理工作。人力资源的所有信息资料都由企业的领导掌管，此管理模式的工作效率较低，效果并不理想。在"互联网＋"背景下，企业要利用互联网技术，加强各部门间的交流与互动，实现信息资料的共享，加强合作与沟通，这样才能够提高人力资源管理工作的智能化与信息化水平，实现企业的创新发展，并充分满足企业员工的个性化需求。

（四）广泛应用社交媒体

互联网技术的不断发展使得企业员工可以借助网络平台更加自由、及时地发表个人的意见与看法。特别是随着微博、微信等平台的广泛应用，人们可以随时随地进行沟通，员工也能够利用不同的渠道与平台及时了解企业的信息，了解企业出台的政策与制定的制度。除此之外，企业也能够快速、准确地了解员工的动态与工作情况。

在人力资源管理工作中，企业要充分发挥这些网络平台及社交媒体的作用，加强与员工的交流与互动，了解员工的实际状况，倾听员工的心声，及时听取员工的合理意见与建议。这样才能形成更加和谐的员工关系，营造良好的工作氛围，增强人力资源管理的有效性。

第二节 "互联网+教育"背景下人力资源管理创新

随着互联网技术的发展,"互联网+教育"模式实现了历史性的创新变革,进而在日渐激烈的竞争中占得先机。因此,企业管理者在人力资源管理过程中,必须顺应时代的发展潮流,将"互联网+教育"模式不断融入其中,积极进行创新改革,优化现有的管理体制和内部结构,进一步提高企业的核心竞争力和综合实力,发挥人才对于企业高质量发展的重要作用。

在"互联网+教育"背景下,我国企业人力资源管理工作取得了阶段性成果的同时,也面临着诸多挑战。同时,"互联网+教育"创新模式亦为企业人力资源管理带来了前所未有的发展机遇。

一、"互联网+教育"背景下人力资源管理的内涵

在"互联网+教育"背景下,企业人力资源管理模式具有鲜明的特征。现阶段,各企业人员内部结构和占有资源具有显著差异性,而"互联网+教育"模式借助线上丰富教育资源,为人力资源管理工作带来了新的思路,能够将人力资源管理工作的各种信息要素进行高度整合、分析处理,为企业人员结构的优化提供科学的决策依据。在"互联网+教育"背景下,企业人力资源管理工作开放、全面、协作、统一及共享的特点更加显著,这有效地改变了企业内部员工的思想观念,使员工对线上教育方式有了更深刻的认识。

现阶段,资金链不衔接和抗风险能力不强是我国大部分企业难以平稳发展的根本原因,加之企业内部管理结构和经营方式存在明显弊端,严重制约着企业的可持续发展。企业为最大限度地缓解资金压力,减少附加人力成本,只能

将目光转向人力资源管理，比如对核心团队建设、企业员工招聘、员工福利待遇、员工外出培训等费用成本进行严格控制。而"互联网＋教育"模式的创新应用，一定程度上缓解了以上状况。

很多企业对人力资源管理体制和模式进行大刀阔斧的改革，使得企业内部人员结构更加扁平化，上下级部门关系进一步被弱化。从某种意义上讲，"互联网＋教育"模式与企业人力资源管理的有机融合，全面提高了企业的管理水平和生产效率。换言之，企业在人力资源管理过程中可以采取更加智能化的手段，从员工招聘、培训、考核、福利待遇及晋升渠道等多个方面进行改革，引导员工转变思想观念，进一步构建"互联网＋教育"模式和企业人力资源管理创新融合机制，满足不同企业、不同员工的个性化需求。

二、"互联网＋教育"背景下人力资源管理创新的现状

（一）缺乏系统的规划

现阶段，在"互联网＋教育"背景下，精益求精式人力资源管理模式必将成为企业发展的先决条件。当前，许多企业的人力资源管理体制还存在很多不足，严重制约着企业的高质量发展，因此在推动人力资源管理体制进一步转型升级的过程中，进行科学系统的整体规划是重点。换言之，企业人力资源管理工作应在进行科学规划的基础上，有效地实现人才价值的最大化。传统的企业人力资源管理模式在规划方面存在诸多不确定因素，如内部人员规划不科学，对岗位设置、任用期限及福利待遇等方面缺乏重视，未能充分考虑对员工的专业技能培训，进而在岗位分配上存在很大的随意性，普遍将高学历人员安排在重要岗位，将低学历人员安排在无关紧要的岗位；规划方案不合理，员工的自我价值就无法得到实现，导致企业各部门无法协同合作、协调发展，进而造成工作效率低下。

（二）企业人力资源管理体制不完善

在"互联网＋教育"背景下，企业人力资源管理体制不完善的弊端凸显，尤其是在考核激励机制方面。企业应构建高效的人力资源管理体制，进一步激发员工的工作热情。同时，员工为了得到更为可观的经济收入，会在工作中更加负责，创新意识会进一步增强，从而全面提高企业的核心竞争力。但是，企业在将"互联网＋教育"模式融入企业人力资源管理工作的过程中，缺乏系统完善的人力资源管理体制，导致执行效果不甚理想，考核指标不够精细，无法全面反映企业员工的工作状态。

与此同时，在构建企业人力资源管理体制的过程中，企业未能形成有效的监管体系，具体表现为考核部门对员工的打分过于随意，缺乏参考价值，使部分员工对考核结果产生抵触心理，这也间接地说明了"互联网＋教育"模式和人力资源管理有机融合的重要性。

三、"互联网＋教育"背景下人力资源管理创新策略

（一）积极改变人力资源管理理念

随着社会经济的高质量发展及互联网技术的大范围普及，尤其是大数据、"云计算"等数字化新兴技术的不断出现，人们的思想观念，包括人力资源管理理念产生了变化，全面推动企业人力资源管理向着数字化、智能化和网络化方向发展。从教育的角度看，"互联网＋教育"模式对传统人力资源管理模式有着巨大的影响。当前，许多企业的人力资源管理体制中形成了一种良好的文化教育模式，进一步拓展了企业的网络经济空间，全面实现了"互联网＋教育"与社会经济的有机融合。

随着我国教育理念的不断发展和科学技术的更新迭代，互联网信息技术与教育领域相结合的教育形式逐渐受到各大企业的青睐，从而为人力资源管理提

供了新思路，也为企业提高公共服务质量、促进内部人员结构合理化奠定了坚实的基础。因此，在"互联网＋教育"背景下，企业人力资源管理创新必须转变人力资源管理理念。

（二）建立完善的人力资源管理体系

在"互联网＋教育"背景下，传统的企业人力资源管理体系较为落后，无法充分满足社会的发展需求，无法有效地促进企业的良好发展。所以，企业必须坚持以人为本的基本原则，积极地构建科学、完善的人力资源管理体系，实现扁平化管理。在新时代背景下，经济活动中的所有要素都会参与到经济发展中，其中包括生产商、销售商、企业员工等。在此基础上，企业必须采用新型的网络化组织管理模式，更加高效地开展经济活动。

企业要弱化职能的分工，使得各要素保持平等的关系，建立完善的组织体系。企业要引导并且鼓励员工积极地参与各种培训活动，提高个人的能力，更好地适应市场的激烈竞争。企业要制定完善的人力资源管理制度，采取一系列管理措施，不断优化与完善管理体系。这样才能提高人力资源管理效率，使员工的工作态度更加端正。

（三）制定科学的人力资源战略规划

目前，现代企业选拔人才时更加重视对知识型员工的选拔。企业要充分发挥互联网技术的作用，搜集并整理大量具有价值的数据信息，并且对这些信息进行科学的整合、分析以及高效的应用，从而结合企业的需求更好地选拔人才、培养人才。企业的管理人员要树立科学的管理理念，运用新的管理思路，采用新的管理方法与模式，全面提高员工的专业素养，从而促使员工为企业的发展贡献力量。在选用人才时，企业要利用互联网收集信息，精准地把握员工的心理与个性特点。

不仅如此，企业还要加强对员工的考察，找到具有较强创新能力的员工，并予以重用。同时，企业要为员工提供良好的薪资待遇和广阔的发展空间，从而更好地留住人才。此外，企业要为员工创设良好的工作环境，在此基础上才能更好地贯彻落实人力资源战略规划，更好地吸引人才、留住人才，发挥人才对企业发展的推动作用。

（四）建立健全的激励机制

企业为优秀人才提供较高的薪资待遇，可以更好地发挥薪资的激励作用，留住人才。因此，企业要制定完善的薪酬管理机制，促使员工积极地完善自我，提高个人的技能与专业水平，以此提高个人的绩效水平。全面贯彻落实薪酬管理机制，也可以有效地增强企业的核心竞争力，推动企业的可持续发展。另外，企业也要从员工实际需求层面入手，对员工进行激励。例如，企业可以全面、深入地调查、分析企业员工的实际需求，在此基础上为员工发放津贴等，这样可以使员工充分感受到企业的关怀，有效地增强员工的归属感。

不仅如此，企业也要积极地通过员工入股分红的方式鼓励员工参与企业的发展与建设，激发员工的工作热情，增强员工的责任感。另外，企业要加强对员工的精神激励，营造良好的企业氛围，使企业环境更加轻松、和谐，更好地增强员工的归属感。企业要充分顺应"互联网＋教育"的发展趋势，充分信任员工、尊重员工，采取科学有效的措施增强员工的使命感与责任感，使得员工将个人的职业生涯规划和企业的未来发展规划有机地结合起来，达到企业与个人双赢的目的。

（五）制订健全的招聘计划

人才招聘是企业人力资源管理工作的一项重要内容。但是笔者在调查中发现，传统的招聘工作会耗用很高的招聘成本，而且招聘结果会受到多方面因素的影响，无法充分地顺应"互联网＋教育"的发展趋势。因此，在"互联网＋教育"时代背景下，企业要充分利用智能终端高效地开展招聘活动；还可以在互联网平台上对外展示招聘信息，使更多的求职者看到信息，实现与求职者的积极沟通与互动，增强人才招聘工作的有效性与科学性，从而招聘到更多优秀的人才。

另外，企业也可以通过微博、微信公众号等平台高效地开展招聘工作。企业要制订科学、健全的招聘计划，确保计划的科学性与长远性，这样才可以在岗位产生空缺时及时获得人才的补给，招聘到更多优秀的高素质人才。在"互联网＋教育"背景下，企业要不断地优化招聘计划，结合企业未来的发展规划及发展要求，全面地了解应聘者的实际情况，选择优秀的知识型员工，进而发挥人才对企业发展的积极作用。

（六）建立科学完善的绩效管理体系

在企业人力资源管理工作中，绩效管理占据核心地位，所以企业必须建立完善的绩效管理体系。企业要激发员工的工作热情，结合员工的实际状况、企业的发展状况、组织的结构特点等，不断地优化与完善绩效管理体系。在制定绩效标准时，企业要充分发挥互联网技术的优势，加强与企业员工的沟通与讨论，进一步明确不同岗位的考核标准及指标，还要结合企业的战略目标，科学地调整考核标准及指标。

在贯彻实施绩效考核制度时，企业要充分利用互联网技术，严格监督绩效考核制度的落实，提升管理工作的动态化与智能化水平，及时、准确地发现问题，并且采取有效的应对措施，从而不断地优化绩效考核标准，提升考核结果的准确性与合理性。在绩效考核环节，企业要利用互联网技术完整、真实地储存员工的各项数据，确保数据储存与管理的便捷性、安全性与长远性。另外，企业要充分重视绩效反馈工作，利用互联网技术让绩效反馈高效化、公开化。

（七）组织开办互联网培训课程

为了提高企业员工的工作效率、专业能力和综合素养，企业一般会组织开展员工培训活动。然而，受到多方面因素的影响，企业的一些培训活动会无法获得预期的效果，无法实现人力资源的优化配置，这会对企业的经营活动和长期发展产生不利影响。所以，在"互联网＋教育"背景下，企业要充分发挥互联网技术的作用，进一步优化与完善员工培训计划，选择合理的培训内容。

企业可以积极地开展远程教学，有效弥补传统培训方式在时间与地点方面存在的不足，进一步优化与完善培训模式，从而更方便、快捷地开展培训工作。远程培训教学模式使得员工可以灵活、自由地安排学习时间，让培训更有效。不仅如此，员工也能够利用互联网技术找到与培训内容具有密切关联的文献资料，可以为培训学习奠定良好的基础，有效地激发员工的学习兴趣，提高其自主学习的能力，使得培训工作又快又好地完成。

（八）借助大数据技术和信息平台做好人力资源整体规划

随着"互联网＋教育"理念的发展，信息资源不断融入企业人力资源管理工作，大数据技术和信息平台在企业人力资源管理模式中扮演着越来越重要的角色。现阶段，企业为便于管理员工，会搜集大量的员工信息数据。通过构建高效的信息平台，企业可有效地将员工信息输入信息平台，依托大数据技术，随时调取员工的个人信息，辅助企业管理者进行人力资源管理，制订更加科学、合理的规划方案。

与此同时，基于大数据技术和信息平台，企业的人力资源管理在数据的收集、传输、分析及评价等方面具有优势，能够对现阶段的员工岗位竞争态势进行科学分析，充分发掘员工的潜在价值，进而为企业人力资源管理提供更加全面、系统、科学的指导。

（九）构建新的人力资源管理模式

随着互联网技术的不断发展，"互联网＋教育"模式对传统的人力资源管理模式产生了巨大冲击，但无论是新时代的企业人力资源管理模式还是传统的人力资源管理模式，均坚持以人为本的理念。现阶段，"互联网＋教育"模式和企业人力资源管理模式的融合，必须明确这一基本原则，始终把握人力资源管理模式的未来发展趋势，进一步发挥企业对人力资源的调控作用，进而实现聚集创新人才的目的。同时，企业要引导员工树立正确的互联网思维，引导他们积极转变工作方式，从"被动式服务员工"向"主动式服务员工"转型。

在新时代背景下，"互联网＋教育"模式在企业人力资源管理工作中的创新应用，虽然在一定程度上克服了传统人力资源管理模式的弊端，但仍需进一步探索研究。因此，构建"互联网＋教育"和企业人力资源管理创新融合机制是当前研究的重点。

综上所述，在"互联网＋教育"时代背景下，企业的人力资源管理工作也面临着更多的挑战。所以，在实际工作中，企业管理人员要转变人力资源管理理念，借助互联网技术为员工提供高效的培训教育，积极地提供互联网培训课程。在此基础上，要更加高效地做好人力资源管理工作，实现人力资源的优化配置，从而更好地发挥人才对企业发展的推动作用，使得企业更好地顺应互联网时代的发展趋势。

第三节　大数据背景下人力资源管理创新

一、大数据与人力资源管理

大数据的重要性不言而喻。企业在进行人力资源管理创新改革时要结合大数据技术，依托大数据所提供的"经验"进行创新。在创新过程中要不断采取相应措施，推动企业的发展。

（一）大数据的内涵及特点

1. 大数据的内涵

大数据本身是一个很宽泛的概念。从专业角度来说，大数据是指无法在一定时间范围内用常规软件工具进行捕捉、管理和处理的数据集合，是需要使用新处理模式才能具备更强的决策力、洞察发现力和流程优化能力的海量、高增长率和多样化的信息资产。

从数据本身来说，大数据是指大小、形态超出典型数据管理系统采集、储存、管理和分析能力的大规模数据集，而且这些数据之间存在着直接或间接的关联性，人们可以使用大数据技术从中挖掘需要的信息。

大数据技术是挖掘和展现大数据蕴含的价值的一系列技术与方法，包括数据采集、预处理、存储、分析挖掘与可视化等。大数据应用则是运用一系列技术与方法对特定的大数据集进行处理，以获得有价值信息的过程。大数据技术的研究与突破，最终目标就是从复杂的数据中挖掘有价值的新信息，进而发现新的数据分析模式。

2. 大数据的特点

互联网的普及使网民行为变得多样化，通过互联网产生的数据日渐增多，既包括结构化的数字信息，也包括非结构化的图片、文本、视频、音频等信息。因此，企业人力资源管理者需要了解大数据的特征。

（1）数据量大

大数据的一个重要特征就是数据量大，起始计量单位是 P（1 000 个 T）、E（100 万个 T）或者 Z（10 亿个 T）。互联网巨头纷纷在全球范围内建立数据中心，一方面是出于当地政府管理的需要，另一方面则是因为用户产生的数据量太大了，一个甚至几个数据中心根本满足不了用户的数据存储要求。以苹果公司为例，为了存储大量的 iMessage、iCloud 等客户数据，以及手机、平板电脑等设备上的照片、视频、文档，苹果公司在全球建立了数十座数据中心，每座数据中心的投资额多达数亿甚至十几亿美元。

（2）数据多样性

数据多样性体现为数据资料来源多样性及数据结构类型多样性。数据资料来源包括语音、视频、文本等，数据结构类型则包括结构化、半结构化和非结构化。数据多样性对数据提取者的数据处理能力提出了更高的要求。要想整合多样性的数据，数据提取者就要具备一定的技术分析能力。

（3）价值密度低

大数据价值密度低是指在大量的数据中，真正有价值的信息相对较少。这是因为大数据的规模巨大，包含了大量的无价值甚至是错误的信息。因此，要想从大量的数据中挖掘出有价值的信息，需要运用强大的机器算法对数据进行价值"提纯"，这是一个非常具有挑战性的任务。

（4）传播速度快、时效性强

由于大数据大多是线上数据，具有即时性特征，只能反映用户当下的个体行为和情感特征，因此提取速度越快，能够获得的有价值的数据就越多。一旦过了数据提取时间窗口期，那么，很多数据基本上就是无效且冗余的。例如，个性化推荐算法要求尽可能实时完成推荐。

在数据分析过程中，虽然大数据分析与传统数据分析有着截然不同的特点，但大数据分析并不能完全替代传统数据分析。例如，在进行电视收视调查时，尽管通过大数据分析能够得到更精确的结果，但传统数据分析也有自身的优势，两者可以互补，而不是让大数据分析完全替代传统数据分析。

（二）大数据对人力资源管理的影响

当前，很多大中型企业都认识到了大数据对人力资源管理的积极影响，并在各项经营实践中逐步形成了相应的运用策略和机制。优秀的人力资源管理方式的作用并不只体现在企业本身的生产和经营上，更重要的是，它能对企业员工起到有效的激励作用，让员工的内在价值得到更大程度的发挥，从而提高工作效率。在大数据技术的支持下，企业能够最大限度地创新人力资源管理方式，并且，企业的组织管理框架和职责体系也得到进一步的明确，从而提高了企业整体运营效率。大数据对人力资源管理的影响主要体现在以下几个方面：

1. 使企业发展符合互联网时代的发展趋势

大数据技术是一项以处理海量数据为基础的新技术。企业使用大数据技术能够更好地扩充人力资源管理系统中的数据，并构建与之相对应的数据信息库，进而丰富人力资源数据信息的收集方式，增加了数据来源的范围，提高了人力资源管理的效率，使企业的人力资源管理工作更加高效，进而增强了企业的总体竞争力，保证了企业的长期、稳定发展。

2. 为企业人力资源管理提供更好的数据支持

通过大数据分析方法，企业可以更好地对员工的流动可能性、绩效考核结果、技能水平、培训效果等进行详细分析。除此之外，企业还可以在对以上数据信息进行分析的基础上，构建企业的人力资源核算模型，或者进行相应的人才评测等，从而对企业的人力资源进行最优配置，为企业的人力资源管理提供更好的数据支持。

3. 推动企业优化组织结构

在大数据时代背景下，企业的人力资源管理系统将更加关注普通员工，打破传统的组织结构，产生更多跨部门的数据信息，让企业中所有的员工都可以更好地参与到企业的人力资源管理工作中，并以此为基础构建一个更加规范、系统的组织结构。

4. 有利于企业构建更好的人力资源数据管理模式

在大数据背景下，企业的核心资源正经历着深刻的变化，数据已逐步成为企业发展的一种重要资源。企业的重要信息并不只是保存在员工的大脑中，企业还会利用大数据技术来建设相应的数据库，将企业发展过程中所涉及的数据信息保存起来，这样既可以对数据进行统一管理，又可以随时调用数据。企业原有的数据和未来发展过程中产生的数据等都可以被储存到数据库中，然后企业可以通过构建数据管理模型的方式对数据进行有效的分析，并在必要时将其导出。

二、大数据背景下人力资源管理模式创新

企业要在市场竞争中获得生存和发展，就必须寻求效率、效益和竞争优势。同时，"人才是第一资源"的理念已成为大多数企业的共识。所以，企业应该有效地利用大数据进行人力资源管理的变革与创新，提升企业的人力资源管理工作水平，以更好地应对大数据时代的挑战，提高自身的竞争力。

（一）当前人力资源管理模式存在的问题

在现代社会中，大数据技术对生产力的全方位革新产生了巨大的影响，大数据技术已成为当前企业发展不可忽视的技术力量。因此，企业的人力资源管理工作必须与时俱进，迅速地进行各项管理变革和创新。但是，目前许多企业在人力资源管理工作中仍然使用传统的管理方法。尽管制度与绩效相结合的方式可以帮助企业员工持续提高自身能力，但该模式存在很大的缺陷，会直接影响企业的人才制度建设。对我国许多企业人力资源管理工作的情况进行分析可以得出，我国大多数企业的人力资源管理模式存在着以下问题：

1.缺乏创造性的管理思想和观念

许多企业对人力资源管理工作的认知有很大的误区，并且企业的人力资源管理从业人员也没有意识到人力资源管理体系创新的要点，还在使用传统的管理模式。以僵化制度为核心的管理体制，无论是在管理水平上，还是在管理效率上，都远不及基于大数据技术而形成的创新型人力资源管理体制，更不能满足企业员工在实际工作中的需求。

在传统的人力资源管理模式中，企业领导者的执行力会被极大削弱，企业文化难以形成，不利于企业经营水平和组织水平的提高。很多企业的人力资源管理工作者缺乏以人为本的管理思想，管理制度本身也没有对员工形成有效的激励，只是将员工视为一个劳动力付出者，缺少人性关怀，忽视了员工的精神需求，从而降低了员工对企业的忠诚度，打击了员工在实际工作中的积极性。

2. 人事制度体系落后

传统的人力资源管理工作，无论是在效率方面，还是在质量方面，都有很大的不足，这就造成了企业不能迅速获得高层次人才，甚至出现人才外流的现象。在传统的人事制度体系中，企业对人才的培养也存在着较大的不合理性，比如不能对员工进行信息化管理，使企业的发展受到很大的制约，从而削弱了企业的核心竞争力。而人事制度体系的落后也为企业的管理埋下了更多隐患，对企业在行业中的地位也会造成很大的影响。

3. 缺少人性化关怀

在大数据背景下，企业员工的组成呈现出多元化的特点，员工的价值观念、受教育程度、兴趣爱好等都有很大的差别，这种差别将会直接影响员工的工作效率和工作水平。员工对于工作的需求也是不同的，有的人关注的是职位的提升，有的人关注的是物质上的保障。由此可以看出，在人才需求逐渐向多元化发展的今天，企业需要在人才管理中更好地表现出人本主义的特征，而这正是很多企业缺少的。在许多企业中，管理者和员工之间的交流被阻断，员工的要求得不到回应，最后造成越来越多的人才流失。

（二）大数据背景下人力资源管理模式创新策略

1. 树立创新理念

在大数据时代，企业管理者在思想上和行为上都要跟上时代的潮流，让企业的各项管理工作能够跟上日益激烈的市场竞争，同时要加强对人力资源管理工作的关注，树立创新理念，积极地引进高素质人才，这样才能保证企业在时代发展中不被淘汰。

首先，企业要注重对人力资源管理团队的培养，使人力资源管理团队具备创新思维，并充分认识到大数据技术对人力资源管理工作的影响。其次，管理者要从企业的具体管理行为出发，以大数据技术为中心，将信息化的管理体系引入人力资源管理的具体工作，并且使每个管理者都能够轻松、熟练地掌握信息管理技术，从而最大限度地发挥大数据技术的作用。企业的人力资源管理部门应该构建一个信息化管理系统，对员工的各种数据信息进行分类，并以特定的图表形式将员工的具体能力呈现出来，这样可以让企业管理者更好地掌握这些数据。最后，企业的人力资源管理人员也要明确大数据背景下人力资源管理工作的特点，严格控制管理流程，及时发现并弥补管理工作中的不足，解决相应的问题。

2.完善企业人力资源管理体系

在大数据背景下，企业的人力资源管理体系更多地表现出了动态化的特征。企业的人力资源状况一直在改变，同时，员工的信息数据也在持续增长，企业的经营服务水平也在快速地发展。这就要求人力资源管理人员要强化对实际情况的详细分析，并以企业当前的发展策略为基础，不断地对人力资源管理体系进行改革创新，使其更加健全，从而进一步优化人力资源管理工作。

为确保企业的人力资源管理工作可以在很长一段时间内保持科学性，企业的领导团队也要更新人力资源管理部门的人员，并积极地引入更多的优秀人才。另外，企业也要借助多方力量，开发人力资源专业化管理系统，并对各类管理软件进行科学的应用，进而扩大人力资源管理工作的范围，并对管理策略进行创新。

3.运用大数据技术推动培训工作

企业要运用大数据技术创新人力资源管理工作，让大数据参与人才培训和人才潜力开发等工作。基于大数据分析的结果，企业可以采取集中培训、研讨会、专题讲座等方式，在提高员工专业知识水平的同时，全面挖掘人才的潜力，提升人岗的匹配程度。在传统的人才管理中，人才只要满足企业发展的实际需求就可以，当发现岗位与人才不匹配时，企业才会展开培训活动，提高人员的能力水平，这就导致企业对人才的需求缺乏主动性。

在大数据背景下，企业的人力资源管理者要高瞻远瞩，根据人才与岗位的匹配度对人才进行针对性配置。除此之外，企业还应当注重在短时间内提高人才的能力水平，对具有特定技能的人才进行重点培养，使他们能够迅速成为岗位的核心骨干，为企业长期发展打下良好的人才基础。在大数据背景下，企业在对人力资源进行培训和开发时，要充分运用大数据分析的成果，从多个层面进行人才培养。

4.构建数据与事实相结合的管理模式

将数据与事实相结合是将大数据技术应用于人力资源管理的基础。在此概念的指导下，企业人力资源管理模式的构建也将获得强大的助力。借助大数据技术，人力资源管理部门可以科学地收集、汇总与整理企业内部各类员工的信息，进而在特定技术手段的辅助下，对员工的能力和工作状况进行分析。这些数据主要包括员工的基础数据、潜能数据、专业水平数据和工作效率数据等。管理者可以对这些数据展开客观分析，并将其与不同岗位的员工流动状况、实际需求等相结合，从而制定更有针对性的人才管理细则。在数据与事实相结合的管理模式中，人力资源管理者可以在一些职位有空缺时，采用相应的预备方案，避免职位空缺时间太长对企业经营产生不利影响。

5.建立基于大数据的工资和福利体系

企业要想招揽到优秀的员工，不仅要有良好的企业文化，更要有一套健全的工资和福利体系。基于大数据的工资和福利体系就是运用大数据的分析模型来设计员工的工资和福利，在此基础上，要结合企业的财务和经营情况、行业内同岗位的工资待遇、当地的经济发展水平等多方因素，制定出相应的企业人才岗位工资体系，实施定岗定资制度，并适时对员工的薪酬、福利等进行相应的调整，使得员工薪酬能够与企业的利润水平保持一致。

企业要参考大数据信息平台上同岗位往年的福利情况，根据岗位特点和工作性质，确定有吸引力的激励因子，并对其进行调节，以提高员工工作的积极性。此外，企业要把绩效考核指标与员工的薪酬相结合，把员工的工作性质、绩效考核结果等各种因素融入薪酬体系，使薪酬与各因素之间产生密切的联系，进而使员工更好地发挥自己的才能，为企业的发展贡献自己的力量。在大数据时代，利用大数据分析技术可以让薪酬体系处于动态的调整变化之中，从而有效地增强员工的工作积极性，为企业的长期发展增效增能。

（三）大数据背景下人力资源管理模式创新的注意事项

1.衡量大数据的利弊得失

企业要清晰地认识自身发展规模和资本实力，并对企业在人力资源管理中引入大数据的利弊进行分析，使企业的利润达到最大。当前，有的中小型企业盲目跟风，认为只要在人力资源管理中运用大数据技术，就会具有一定的优势，并没有清楚地认识到大数据的含义与特点，仅仅是搜集大量的无用资料，以获得海量数据信息。这种做法没有考虑到企业收益，最后极有可能会给企业带来亏损。所以，在未来的发展过程中，企业应该提前对人力资源管理与大数据相融合的需求进行评估，避免给企业原有的人力资源管理模式带来混乱，从而造成人才管理系统的瘫痪。

2.注意数据共享造成的安全问题

在信息化时代，大量数据共享造成的安全问题是不容忽视的。以大数据为基础的人才培养与管理创新，对我国的经济发展、科技、文化、生态等都具有重大意义。从这些方面来看，人力资源管理模式的创新对企业，尤其是跨国企业的发展具有重大意义。但是，企业在将大数据引入人力资源管理工作的过程中，要注意避免数据泄露、丢失等问题。

综上所述，在大数据背景下，企业的人力资源管理工作者应树立创新理念，完善企业人力资源管理体系，运用大数据技术推动培训工作，构建数据与事实相结合的管理模式，建立基于大数据的工资和福利体系，同时还要注意在人力资源管理中衡量大数据的利弊得失，注意数据共享造成的安全问题。企业可以将有效、合理的大数据技术体系与人才管理方法有机地融合在一起，并在适当的时候对企业的人力资源管理模式进行调整，从而为企业的未来发展提供强大的人才保障。

三、大数据背景下人力资源绩效管理创新

(一)现阶段企业人力资源绩效管理现状

1.绩效考核目标不明确

在企业人力资源绩效管理中,绩效的考核目标非常重要。如果不能明确考核目标,企业对员工所开展的人力资源绩效管理就会存在一定的盲目性。对绩效进行科学考核能够促进企业员工的发展,反之会对企业员工的发展造成制约。企业在制定绩效考核目标时要结合企业发展现状,并吸取同行业其他企业的经验,有计划、有目的地制定绩效考核目标。盲目追求业绩、效仿其他企业的绩效考核方式只会给员工带来压力,达不到企业所预期的绩效管理效果,并且也无法真正体现绩效考核的意义。

2.绩效考核结果存在误差

在人力资源管理绩效考核过程中,企业领导人员没有对绩效考核体系形成正确的认知,在对员工进行绩效考核时,往往将考核的重点放在员工对企业的贡献上。绩效考核是企业人力资源管理的重要环节,科学、合理地制定绩效考核标准非常重要。现阶段,在绩效管理过程中,企业对员工的绩效考核局限于员工能力与贡献两个方面,没有对员工在工作中的团队意识、小组意识进行有效评估,考核体系不够全面,导致绩效考核结果存在误差。

3.考核信息不对称

绩效考核由人力资源管理部门负责,在对员工进行绩效考核的过程中,考核人员会对被考核人员进行全面分析,但在对考核信息进行汇总时,考核人员往往按照个人的行为意识主观地对被考核人员进行评价,造成考核信息的不对称,对于被考核人员来说有失公平。在对企业员工进行绩效考核时,受考核人员的思想观念、考核方式差异的影响,考核结果会存在一定的不公平性。

（二）大数据背景下人力资源绩效管理创新策略

1.创新人力资源绩效管理理念

理念创新适用于任何一种形式下的创新发展。企业的人力资源绩效管理者应当充分认识到现阶段大数据对企业发展的重要意义，并在大数据背景下对企业人力资源绩效管理理念进行科学的创新。企业的人力资源绩效管理者要摒弃传统的糟粕观点，吸收时代发展的精华，结合企业发展状况对管理理念进行创新，正确认识大数据给企业传统经营模式带来的冲击，并顺应大数据的发展趋势，积极创新企业人力资源管理模式，为企业的可持续发展奠定基础。

科学的绩效管理理念是企业开展人力资源绩效管理工作的基础，管理理念决定了管理方式，管理方式影响着管理效果。因此，企业人力资源管理者只有树立科学的绩效管理理念，才能使企业的人力资源绩效管理效果显著，提高员工的工作积极性，增强企业的核心竞争力与凝聚力。

2.建立健全绩效管理体系

科学合理的人力资源绩效管理，要求企业建立健全绩效管理体系。在大数据时代，各项数据资源呈现海量性，建立绩效管理体系要合理地对海量数据进行分析，以顺利地开展绩效管理工作。健全绩效管理体系，要依托于大数据背景下的模式分析。在企业管理工作的过程中，企业人力资源管理者要采集员工的基础信息，形成企业内部的小型数据管理系统，对员工各项数据进行科学、理性的分析，以达到合理构建绩效管理体系的目的；要科学地对员工绩效进行评定，帮助员工制定职业规划，完善企业的绩效管理方式，实现企业人力资源绩效管理的创新。

3.优化创新绩效管理模式

传统的企业绩效管理模式存在一定的弊端，不能对员工的信息进行全面的整合，在绩效管理过程中不能结合员工自身条件进行科学化管理，导致员工发展出现片面性问题。大数据的发展为绩效管理模式创新带来了机遇，企业要合理利用大数据平台对员工绩效管理模式进行创新,更好地为企业人才发展提供数据资料。

4.制定科学的绩效考核标准

绩效考核标准决定着企业员工最终的考核质量,基于此,在制定绩效考核标准的同时,也要对考核人员进行专业性培训,加深考核人员对考核指标的了解,以便更加客观、公正地体现员工绩效考核结果。员工的综合发展是企业持续发展的基础,绩效考核标准的片面性会使员工的全面发展受限,从而影响企业的运行。因此,企业人力资源管理者应当结合多方面的指标,制定绩效考核标准,从多方面对员工进行考察,促进员工的综合发展。

5.完善绩效考核中的相关制度

绩效考核是一项完整的工作,为保证绩效考核的真实性与客观性,必须运用大数据技术,制定相应的制度,对绩效考核工作进行约束。首先,从考核人员来讲,考核人员是绩效考核中的关键性因素,考核人员在绩效考核中带入过多的个人情绪会导致绩效考核结果有失公允,因此企业要定期对考核人员进行培训,强化绩效考核工作的核心标准,保证绩效考核结果的客观性;其次,从绩效考核过程来讲,企业要将绩效的考核标准与结果进行公示,保证绩效考核工作的透明度,促进企业的可持续发展;最后,在公布考核结果时,企业要对不同水平的员工采取鲜明的奖惩措施,实现员工的正向发展。绩效考核相关制度的完善,能够增强员工对企业的认同感,增强企业的亲和力。

6.在绩效考核中彰显企业文化

绩效考核是对员工个人情况的综合考察,企业文化对员工有着重要的导向作用,能够促进员工的全面发展。企业文化作为绩效考核中的隐形考察项目,能够有效地增强员工对企业的认同感。在绩效考核中彰显企业文化,能够使绩效考核更具真实性,同时能够强化企业文化对员工的影响。

总之,企业人力资源绩效管理要与时俱进,在大数据背景下,企业要合理利用大数据资源、大数据技术,精准地对企业员工绩效进行考核,从而发挥绩效考核在企业人力资源管理中的作用。企业只有不断在自身的发展中对人力资源管理模式、管理方法进行创新，才能充分地调动员工的工作积极性，促进企业的可持续发展。

参 考 文 献

[1] 曹务端.互联网背景下人力资源和社会保障局档案管理研究[J].兰台内外，2024（5）：10-12.

[2] 陈三举.大数据时代企业人力资源管理的数字化转型[J].现代企业，2024（2）：10-12.

[3] 陈伟为.高新技术产业下的企业人力资源管理探究[J].商场现代化，2024（4）：71-73.

[4] 陈馨.企业人力资源薪酬管理面临的困境及有效出路[J].商场现代化，2024（4）：80-82.

[5] 陈玉.事业单位人力资源管理策略探讨[J].四川劳动保障，2024（1）：14-15.

[6] 程瑜.数字经济时代下人力资源管理模式的创新发展研究[J].市场周刊，2024，37（5）：187-190.

[7] 崔丽娟.浅析事业单位人力资源规划与人才储备[J].四川劳动保障，2024（2）：12-13.

[8] 邓斌.基于大数据背景下人力资源管理模式创新研究[M].长春：吉林人民出版社，2020.

[9] 戴琳.大数据时代下人力资源管理发展现状及创新路径探索[J].佳木斯职业学院学报，2024，40（1）：70-72.

[10] 顾丰.企业人力资源管理数字化转型分析[J].经济师，2024（2）：286-287.

[11] 郭婧婧.企业人力资源管理现状探析[J].活力，2024（2）：94-96.

[12] 何程.大数据背景下国有企业人力资源精细化管理探究[J].佳木斯职业学院学报，2024，40（2）：117-119.

[13] 何霄峰.加强数据资源管理,助力媒体深度融合[J].全媒体探索,2023（12）：120-121.

[14] 胡恩华,赵静幽,单红梅,等.人力资源管理实践和工会实践耦合对员工职业成长的影响研究[J].管理学刊,2023,36（4）：62-74.

[15] 胡杰.绩效考核在企业人力资源管理中的应用[J].上海企业,2024（2）：108-110.

[16] 胡丽霞.企业信息化管理在人力资源管理中的应用[J].商场现代化,2024（5）：75-77.

[17] 黄媛怡.激励机制在人力资源管理中的应用浅析[J].老字号品牌营销,2023（24）：181-183.

[18] 江巧真.探讨国有企业薪酬与绩效考核综合应用的策略[J].活力,2024（2）：145-147.

[19] 李佳,吴婧媛.人力资源管理信息化的必要性分析及其优化措施[J].四川劳动保障,2024（1）：20-21.

[20] 刘臻.现代企业人力资源管理中的多元化策略与实施[J].商场现代化,2024（5）：84-86.

[21] 刘忠明.共享经济时代企业人力资源管理创新路径研究[J].商场现代化,2024（4）：77-79.

[22] 吕帮超.如何化解企业人力资源管理普遍存在的四大问题[J].中国商界,2024（2）：218-219.

[23] 吕双芬.数字经济时代的人力资源管理创新路径[J].上海企业,2024（2）：126-128.

[24] 孟静.人力资源管理在事业单位管理工作中的现状及对策[J].四川劳动保障,2024（1）：90-91.

[25] 潘怀东.信息化时代人力资源管理对企业经济发展的影响[J].化工管理,2024（4）：21-24.

[26] 桑颖.基于企业战略的人力资源规划研究[J].中国市场,2024（5）：120-

123.

[27] 宋长宇.探究国企党组织建设助力企业人力资源管理策略[J].市场瞭望，2023（18）：120-122.

[28] 苏清.企业人力资源管理对企业经济发展的影响[J].现代企业，2024（2）：29-31.

[29] 王雪娇.新形势下国有企业人力资源管理风险因素及应对策略研究[J].河北企业，2024（2）：134-136.

[30] 魏佳菁.企业人力资源薪酬管理优化策略探讨[J].商场现代化，2024，（5）：78-80.

[31] 温晶媛，李娟，周苑.人力资源管理及企业创新研究[M].长春：吉林人民出版社，2020.

[32] 吴强强.激励机制在企业人力资源管理中的应用探究[J].老字号品牌营销，2024（3）：148-150.

[33] 杨立霞.企业文化建设助力国企人力资源管理的探讨[J].中外企业文化，2023（5）：235-237.

[34] 杨玉丽.浅析事业单位人力资源管理信息化的价值及实施策略[J].经济师，2024（2）：288-289.

[35] 尹柯然.新时代企业战略性人力资源管理模式研究[J].中国集体经济，2024（5）：126-129.

[36] 尹晓璐.国有企业人力资源管理与质量提升策略[J].现代企业，2024（2）：24-26.

[37] 张芬霞，李燚.人力资源管理[M].上海：上海财经大学出版社，2008.

[38] 张琳琳.事业单位人事管理向人力资源管理转变途径探究[J].经济师，2024（2）：270-272.

[39] 张沃野.浅析劳动关系管理在企业人力资源管理中的具体内容[J].四川劳动保障，2024（2）：84-85.

[40] 张永荷.人力资源管理，助力企业稳定发展[J].云端，2023（43）：128-

130.

[41] 赵成刚.企业人力资源薪酬激励措施和绩效管理机制的探究[J].经济师，2024（2）：284-285.

[42] 赵聪.关于现代化建设背景下国有企业人力资源管理新路径探索[J].市场周刊，2024，37（5）：166-169.

[43] 赵莹.企业人力资源薪酬管理中存在的问题及解决对策[J].企业改革与管理，2019（11）：115-116.

[44] 周晓春.数字化时代企业人力资源管理的变革与挑战[J].四川劳动保障，2024（2）：86-87.

[45] 朱宝强.数字化技术背景下人力资源绩效管理模式创新策略[J].商场现代化，2024（5）：87-89.